VOYAGES

ET

AVENTURES

DES

ÉMIGRÉS FRANÇAIS.

TOME SECOND.

N. B. L'abondance des matières nous oblige de renvoyer à un troisième volume, que nous publierons sous peu. Nous prions les personnes qui nous adresserons des notes sur les Émigrés, d'écrire bien correctement les noms propres.

ON TROUVE A LA MÊME ADRESSE:

VOYAGE A LA GUIANE ET A CAYENNE,

Fait en 1789 et années suivantes;

CONTENANT une Description Géographique de ces Contrées, l'Histoire de leur Découverte; les Possessions et établissemens des Français, des Hollandais, des Espagnols et des Portugais; le Climat, les Productions de la Terre, les Noms des Rivières; celui des différentes Nations Sauvages, leurs Coutumes et le Commerce avantageux qu'on peut y faire, etc, etc.

Ouvrage orné de Gravures et de Carte Géographiques, 1 vol. in8. 5 liv., et 6 liv. franc de port.

Je poursuivrai le Contrefacteur.

L. Prudhomme

Supplice du Knout ordinaire.

VOYAGES

ET

AVENTURES

DES

ÉMIGRÉS FRANÇAIS,

DEPUIS LE 14 JUILLET 1789 JUSQU'A L'AN VII,

Époque de leur expulsion par différentes puissances de l'Europe, dans la Volhinie, le Gouvernement d'Archangel, la Sibérie, la Samojédie, le Kamtchatka, les îles Canaries, l'île de Mayorque, Minorque, le Canada, etc.

Contenant la Description Historique, Géographique & tous ces pays ; suivie des Moeurs, Coutumes, Usages des Peuples qui les habitent, avec des observations sur la révolution de la Pologne ; et les articles des Traités de Paix des différentes Puissances qui se sont engagées à expulser les Émigrés Français:

AVEC LES NOMS D'UN GRAND NOMBRE D'ÉMIGRÉS REMAR-QUABLES PAR LES ÉVENEMENS QU'ILS ONT ÉPROUVÉS.

Par L. M. H.

AVEC SIX CARTES GÉOGRAPHIQUES, ET QUATRE GRAVURES.

TOME SECOND.

A PARIS,

CHEZ L'ÉDITEUR, RUE DES MARAIS, F. G., n°. 20,

An VII de la République.

DESCRIPTION DE LA SIBÉRIE,

De ses Habitans, des Moeurs des Russes, de leurs Usages, Coutumes, etc.

LA Sibérie fut connue des Russes en 1563, par un particulier des environs d'Archangel, nommé Anika, et conquise dans la suite par un chef de brigands, sous le règne de Jean Basilides. Elle était gouvernée par un prince tartare de la famille des Usbeks. Ce brigand, nommé Termack Timofeiwitz, à la tête de sept à huit cents Cosaques, ravageait les environs de la rivière d'Oka et du fleuve Volga.

Le Czar Basilides envoya des troupes contre ce chef de Cosaques : elles l'obligèrent de se retirer dans les montagnes qui séparent la Russie de la Sibérie, connues sous le nom de Poias Zemnoy, ou Monts Poias. Il traversa cette chaîne, en remontant la rivière Czauzowa, et se retira sur les terres de M. Strogonof, dont les descendans possèdent encore des terreins considérables dans cette contrée (1).

Ce chef, à la tête d'une troupe de brigands déterminés, obtint aisément de M Strogonof tous les secours qu'il demandait. Il s'embarqua avec sa troupe sur la rivière Tagil, qu'il descendit jusqu'à son embouchure dans la rivière Tura. Continuant ensuite sa route sur cette dernière rivière, il s'empara de la ville de Tumen, surprit celle de Tobolsk, fit prisonnier le fils du Kan Zutchuin, âgé de douze ans, et l'envoya à Moscou, en offrant la Sibérie au Czar de Russie, dont il obtint par ce moyen le pardon de ses brigandages.

· La partie méridionale de la province de Tobolsk était la Sibérie : aujourd'hui ce nom s'étend sur toute l'Asie septentrionale, bornée au nord et à l'orient par la mer, à l'occident par l'empire Russe, au sud par la Tartarie. L'ancienne ville de *Sibir* a donné son nom à tout le pays : elle était sur l'Irtisch, quatre lieues au dessous de Tobolsk, et l'on y voit encore des traces d'un rempart.

Le Jenisei divise la Sibérie en deux parties

---

(1) Il paraît qu'il remonta cette rivière jusque dans les environs de Bilimbaeuskoi.

distinguées par leurs productions. A l'occident le pays diffère peu des autres parties de l'Europe. A l'orient, on trouve d'agréables vallées, de hautes montagnes, des animaux singuliers, des plantes inconnues en Europe, et celles d'Europe sont inconnues ici : des eaux plus pures; les oiseaux, les poissons ont un goût plus agréable. La Sibérie est le pays le plus froid qu'il y ait dans le monde. Les fleuves y gèlent bientôt, ils dégèlent tard. La neige y tombe au mois de mai et au mois de décembre : dans la province de Jeniseik les blés quelquefois en sont couverts avant qu'on ait pu les moissonner. Dans le mois de juin, il est des lieux où la terre est encore gelée à la profondeur de quatre pieds; elle n'y dégèle jamais jusques vers le cinquantième dégré de latitude près d'Argunsk, et la glace ne permet pas de creuser des fontaines. La chaleur est ardente à son tour : les herbes s'élèvent à vue d'oeil, les fruits fleurissent, grossissent, murissent dans trois mois. Il est des hommes qui ne peuvent durant l'été porter d'habits. Le jour n'y cesse presque pas. Malgré cette chaleur, l'éclair brille, mais le tonnerre se fait entendre à peine. Et plus on approche de la mer glaciale, moins on l'entend.

. Les montagnes de Sibérie commencent à Werchotur. Ici elles s'élèvent, forment la chaîne d'*Ural* qui s'approche d'Orenbourg, et de là se dirige au couchant. Elles séparent la Russie de la Sibérie. Une autre chaîne fait la limite de cette province avec les Calmouks et les Mongales. Entre l'Irtise et l'Oby, on les appelle *Altei* (monts d'or); entre le Jenisei et le lac Baïkal, elles prennent le nom de *Sajan*. De cette vaste chaîne, il sort de longs bras qui s'étendent au midi, dans le pays des Mongales et des Calmouks, et au septentrion le long des fleuves d'Oby, et Tom, du Jenisei. Tout le pays vers l'orient et le septentrion devient hérissé de rochers et de montagnes. Différentes chaînes se dirigent vers la mer orientale, d'autre vers la mer glaciale ; entre le Jenisei et la Léna, elles sont moins élevées. Sur la rive méridionale de l'Aldan, elles ont le nom de *Wertchojanskoi*. De là coulent les fleuves qui se rendent dans la mer Glaciale. Il est de ces montagnes disposées, et pour ainsi dire taillées en forme de colonnades : les plus grandes sont placées près de la Léna dans le district d'Yakoust. Elles présentent l'apparence des ruines d'une grande ville ; des arbres s'élèvent entr'elles, et rendent le spectacle plus intéressant.

On tire de quelques-unes de ces montagnes des pierres d'aimant du poids de 300 livres. Des monts entiers en sont formés. Ces aimans sont composés de plusieurs petits qui agissent selon différentes directions. Dans les monts de *Krasnojark*, *d'Ural*, &c., on trouve un alun jaunâtre, gras et mou, semblable à la terre glaise. Le soleil le fait découler de rochers d'alun noirâtres. On l'appelle *Kamennoje-Maslo* (beurre de pierre). On y trouve encore une montagne de sel. Elle a quarante-cinq pieds de haut, et trois cents treize de long, du levant au couchant. Depuis le bas jusqu'aux deux tiers de sa hauteur elle renferme un sel très dur, transparent, composé de cristaux cubiques joints ensemble et très purs.

La Sibérie a des mines d'argent. Celles d'*Argun* et de *Koliwan* ont un mélange d'or, et sont riches. Le cuivre se trouve à fleur de terre; on le trouve abondamment dans les montagnes de *Pichlow*, de *Kolywan*, de *Ploshay*, de *Woskresensk*, &c.; dans le territoire de *Krasnojark*, ces mines de fer récompensent aussi le travail qu'elles exigent. Le territoire de *Catherinenbourg* en contient le plus; le meilleur se tire des mines de *Kamensk*.

A 3

Quand on a mis le feu à la mousse qui couvre des parties de montagnes, le talc éclairé par le soleil frappe les yeux du voyageur. Dispersé çà et là, on le trouve en feuilles carrées, épaisses de trois à quatre pouces, longues quelquefois de deux pieds, rarement de trois ; s'il est clair, et de cette étendue, il se vend dix francs la livre : on en fait des carreaux de vitre, des lanternes ; on s'en sert surtout pour les vaisseaux : l'éclat du canon ne le fait pas fendre comme le verre. On le tire du quartz jaunâtre, ou d'une matière liquéfiante et grisâtre. Les topazes de Sibérie égalent presque celles de l'orient. On y trouve de l'agathe dans des plaines sablonneuses, ou sur les rives des fleuves. On y a découvert des carnioles, et du jaspe sanguin. Il y a divers étangs et lacs salés : tel l'est aujourd'hui qui demain cessera de l'être ; tel lac d'eau douce pendant cette année deviendra salé l'année qui suit. Le lac de *Jamuscha* est le plus remarquable. Son sel blanc comme la neige est composé de cristaux cubiques. La Sibérie a aussi des ruisseaux et des sources salées.

Les os de mammont se trouvent dans la terre sur les bords des grands fleuves ; ils sont de diverses couleurs selon le terrain d'où on les tire ; plus ou moins durs selon que les lieux sont plus ou moins vers le nord. Quelques-uns pèsent plus de deux cents livres. Les uns les croient des os ou des dents d'éléphans, les autres des dents de vaches marines. On s'en sert aux mêmes usages que l'ivoire. On y trouve aussi des cornes de *narwal*, des dents de walros qui pèsent dix à douze livres.

On voit en Sibérie une multitude d'oiseaux et de quadrupèdes ; ceux-ci sont principalement utiles aux habitans par leurs fourrures. Le mouton sauvage nommé *argali* ressemble plus aux cerf qu'au mouton, et il n'est de l'espèce de l'un ni de l'autre. Sa force est dans ses cornes qui ont quatre pieds de long et qui pèsent plus de ving livres ; ses oreilles sont pointues et droites, son poil est gris et brun, coupé sur le dos par une raie jaune qui devient rouge vers la queue. L'animal nommé *dsheren* est une chèvre sauvage qui ressemble au chevreuil, et ses cornes à celles du bouquetin. Celui qui est nommé *saiga* ressemble au daim, mais ses cornes sont droites, sans crochet, demi transparentes. Entre sa chair et sa peau on trouve des vers blancs, gros, longs de dix pouces, pointus par les deux bouts. De la ville d'*Irhutzk* à celle de *Jakutz*, on appelle *saiga* cet animal ambigu qui donne le musc, et qu'on nomme chèvre, cerf, chevreuil; cependant il n'est rien de tout cela. Le chevreuil, l'élan, le renne sont assez communs en Sibérie : l'ours, le loup, le sanglier y sont cruels et féroces plus même qu'ailleurs. Le mulet sauvage ou *tschigiati* ressemble au cheval bai-clair. Sa queue est longue, ses oreilles grandes : il court avec beaucoup de vîtesse. Le renard noir est estimé pour sa peau : il ne peut être vendu qu'à la cour et se paye jusqu'à 5ooo francs. On en trouve de jaunes, de rouges, de gris, de blancs, de bleuâtres. Plus on approche de l'orient, plus les zibelines sont belles. Quand on veut aller à la chasse de cet animal, dix ou douze hommes se rassemblent, prennent un chef, font des voeux, partent et reviennent rarement sans en avoir tué. La zibeline est une espèce de belette de la grosseur d'un écureuil : sa peau est d'un brun foncé presque noir, entremêlé de poils blancs. Le nombre en diminue tous les jours, et les peuples qui payaient le tribut avec cette fourrure donnent aujourd'hui à sa place des peaux d'ours, de rennes, de loutres, d'écureuils, ou de l'argent. La peau d'une zibeline se vend jusqu'à 350 fracns. Celle de l'écureuil s'appelle petit gris. *L'hiène* est un animal aussi rusé que cruel ; il poursuit le cerf, l'élan, le chevreuil, le renne, même les perdrix, etc. Placé sur un arbre, il attend sa proie en silence, s'élance sur elle, la serre avec ses ongles tranchants et la déchire avec ses dents fortes et aigues. On dit que dans les forêts les plus épaisses où il habite, il va toujours du sud au nord ou du nord au sud. On voit des *loups cerviers* dans le territoire de *Kuznezh*, dans ceux de *Krasnojark* et de *Nertschinsk* : des *tigres*, des *panthères*, dans ce dernier, ou vers les frontières de la Chine.

L'hermine cherche les grandes plaines d'où s'élèvent des bois de bouleau : la *martre* des montagnes remplies de rochers coupés. Le *castor* diminue tous les jours : les plus noirs, les meilleurs viennent du fleuve Tas. Ceux du Kamtschatka sont plus grands du double que le castor ordinaire ; peut-être ne sont-ce pas même des castors ; car ils en diffèrent à plusieurs égards.

Au septentrion, la Sibérie ne produit que des broussailles : la terre y est inculte et horrible ; les habitans dispersés au loin ne vivent que de leur pêche ou de la chasse ; au midi, sa fertilité est admirable, les prairies, les champs, presque sans soins, enrichissent leurs possesseurs paresseux. Une multitude de bé-

tail fournit à leurs be oins ; le blé se vend six
sous le boisseau : la chair du bœuf n'y coûte
pas un sol la livre. Des asperges hautes d'un
pied et demi sont d'un goût exquis et y viennent
sans culture : les fraises y sont plus belles
qu'en aucune autre contrée : elles sont grosses
comme des noix. Il croît sur les les bords de
l'*Angara* une espèce de *jusquiame* qui produit un effet singulier sur ceux qui en mêlent
dans le vin ou la bière : tout augmente à
leurs yeux, une paille leur paraît une poutre ,
quelques goutes d'eau leur semblent un lac :
par-tout des précipices , des feux , la mort
se présentent à eux : ils sont dans le délire le
plus violent.

. L'oignon de lis sert de pain aux Tàrtares
Un arbre utile est le cédre de Sibérie. Sur
son tronc haut et épais s'étendent de longues
branches , chargées de grandes pommes remplies de petites noix , renfermées dans des
coquilles brunes fort minces. Dans ces noix
est un pepin couvert d'une peau jaune et d'un
goût fort agréable ; on le mange avec plaisir ; on en exprime une huile qui sert à tous
les usages du beurre. Ni chênes, ni noisetiers
ne s'élèvent en Sibérie.

Les habitans de cette partie de la terre sont
différens par les moeurs et la constitution

physique. Les Tartares y sont répandus ; mais ils n'y règnent plus. Les Russes leur ont succédé. Ceux qui habitent le pays sont la plupart des fugitifs ou des exilés. Le vin, les femmes, la fainéantise sont les objets qu'ils chérissent le plus. L'exilé qui a des moeurs, de l'industrie, peut rétablir ses affaires en Sibérie avec plus de facilité qu'en Russie même. Plusieurs font le commerce. Le Sibérien échange plutôt qu'il ne vend ; il va d'un bout de l'empire à l'autre échanger avec l'Européen les marchandises de son pays, ou en général de l'Asie, contre celles qu'on fabrique en Europe ; il les disperse dans les diverses foires de la Sibérie, les porte aux frontières de la Chine : son voyage dure souvent quatre à cinq ans ; il le fait en partie sur des chevaux, sur l'eau ou sur la glace.

Ce pays semble gagner par la population, le commerce, l'industrie : des villes s'élèvent ou furent des déserts ; mais cependant il a été dans un état plus florissant qu'il n'est. Les successeurs de Gengis Kan avaient fait de la partie méridionale le siége de leur empire. Le commerce le fit connaître d'abord aux Russes : mais en 1677 un fameux Cosaque fugitif nommé *Jermak-Timofuw*, s'avança dans le pays, pilla les villes qui se trouvèrent

sur son chemin. En 1680 , il s'empara de
Sybir résidence du Kan Kutscham. Alors il offrit
sa conquête au czar. Les Russes étendirent les
conquêtes de Cosaque, et le kan Kutscham ayant
été assassiné , ils ont été possesseurs tranquilles
de cette vaste contrée jusqu'à nos jours.

La Sibérie forme deux grands gouvernemens :
celui du *Tobolsk* , et celui d'*Irkutzh*. Le premier renferme les provinces de Tobolsk et
de Jeniseisk. Chacune de ces provinces est
divisée en districts : chaque ville principale
du district a son waiwode qui a sous ses
ordres les commandans et baillis particuliers.
Le gouverneur général réside à Tobolsk :
celui de Jeniseik lui est soumis ; tous les
waiwodes lui obéissent ; mais il ne les nomme
pas ; il faut qu'il les reçoive tels que la chancellerie Sibérienne de Moscou les lui envoie.
Dans la chancellerie de régence de Tobolsk ,
il y a deux secrétaires qui ne changent point
comme le gouverneur , et par cette raison
sont plus craints et plus considérés. Les principaux officiers de Tobolsk sont soumis à leurs
ordres , et ces secrétaires y exercent un pouvoir sans bornes. Les ecclésiastiques et les
causes qu'on regarde comme telles, dépendent
de l'archevêque de Tobolsk.

GOUVERNEMENT DE TOBOLSK,

Ses Habitans, leurs Moeurs, leurs Usages, Coutumes, etc.

La partie méridionale de ce gouvernement est la Sibérie propre, appellée autrefois *Tura* : elle faisait partie de l'empire des Tartares ; elle était peuplée de colonies tartares. On y trouve encore de ses anciens habitans. Tels sont, comme on le présume, les *Wologulits-chiens* ou *Wogules* dont le langage approche du permien ou du finlandois. Leurs liaisons, leur commerce avec les Russes avant même qu'ils fussent soumis font qu'ils sont plus civilisés que les autres peuples de la Sibérie. Ils ont quelque idée d'une cause éternelle de toutes choses, croient à la résurrection des morts, espèrent ou craignent l'autre vie. Ils rejettent l'existence d'un être malfaisant, et disent qu'il ne saurait leur nuire, s'il existe, puisqu'il ne leur a point nui encore. Chaque année, sur la fin de l'été, les pères de famille s'assemblent dans une forêt, présentent une tête de toutes les espèces d'animaux qu'ils possèdent, suspendent leurs peaux à quelques arbres, s'inclinent respectueusement, prient

devant elles ; puis tout entiers à la joie , ils
mangent la chair des victimes. Leur raison
pour faire cette cérémonie , est que leurs
pères l'ont fait. C'est la grande raison de l'igno-
rance. En plaçant leurs morts dans la fosse ,
ils y jettent quelques pièces d'argent. Ils prennent autant de femmes qu'ils en peuvent nour-
rir : leur habillement , leurs maisons ressemblent à ceux des Russes ; l'intérieur de
ces maisons est semblable à ceux des Tartares. Ils vivent de chasse et de leur bétail,
parce qu'ils habitent des terres arides. Plusieurs sont devenus chrétiens. La province de
Tobolsk est aussi habitée par des Tartares :
ils sont ou mahométans ou payens. Ceux-ci
sont conduits et trompés par des prêtres qu'ils
croient sorciers , qu'ils et appellent *Kames* ou
Schamannes. Armés de tambours magiques ,
avec des contorsions effrayantes , ils prétendent trouver les effets perdus , rendre présent
l'avenir , guérir les malades. Une robe de
peau appésantie par le fer qu'ils y attachent ,
des bas de peau ornés et brodés diverse-
ment , un bonnet qui les rend un épouvan-
tail pour les imbéciles ; tel est leur vêtement.
Ces Tartares sont partagés en différentes nations qui se distinguent par le nom des
lieux qu'ils habitent. Ceux qui vivent aux en-

virons de Tobolsk sont plus propres que ceux
de Casan ; cependant ils sont plus pauvres,
ne peuvent avoir qu'une femme et ne boire
que de l'eau.

Tobolsk, capitale de la Sibérie, a été bâtie
à côté de l'ancienne ville, qui pour lors s'appelait Sibir. Elle contient plus de 20,000 habitans, presque tous Russes, ou naturalisés.
On trouve parmi ces derniers beaucoup de
Tartares mahométans ; mais la plupart de
ceux-ci démeurent hors de la ville, pour pratiquer avec plus de tranquillité les exercices
de leur religion. Tobolsk est sous le qua-
rante-huitième degré douze minutes de latitude, au bord de l'Irtisch, non loin du lieu
où il reçoit les eaux de la Tobol. Fondée en
1587, divisée en ville basse et en ville haute,
ses maisons sont de bois, sa citadelle de
pierre, ainsi que la chancellerie de la régence,
le palais archiépiscopal, la douane ou les
halles, et deux églises principales. Un rempart de terre l'entoure dans sa vaste enceinte.
Rien de remarquable dans la ville haute que
son marché, trois églises de bois et un monastère. La ville basse a aussi son marché,
des boutiques, sept paroisses et le couvent
de *Snamenshoi*. La basse Tobolsk est traversée par plusieurs ruisseaux qui se rendent

dans l'Irtisch. Les rues sans pavé y sont des fossés de boue : des inondations fréquentes l'affligent. La haute, placée sur une colline manque d'eau ; le fleuve ronge le pied de cette colline, en enlève de grandes masses et force les habitans de transporter ailleurs leurs maisons. Les Tartares qui forment une partie des habitans de la ville, ainsi que des faubourgs, sont des commerçans tranquilles et sobres. Ils sont fainéans et ivrognes. Le commerce de Tobolsk est considérable. Les marchandises d'Europe y arrivent l'hiver sur des traîneaux ; ces traîneaux portent en Europe les marchandises d'Asie. Les fleuves facilitent les transports des productions d'Asie à Tobolsk, et celui des productions d'Europe de Tobolsk en Asie. Cette ville est aussi l'entrepôt des pelleteries pour la couronne. Des officiers suédois déportés y établirent une école, y enseignèrent les langues allemande, latine, française ; la géométrie, la géographie, le dessin : cette école eut beaucoup de réputation ; et ce fut un des plus grands biens que la victoire de Pultawa ait fait aux Russes. Après le départ des Suédois, des Allemands protégés par la cour leur ont succédé. On peut vivre à Tobolsk pour cinquante francs par an.

Les

Les églises y sont très-mal bâties, elles sont petites, peu éclairées et mal ornées; on y voit beaucoup de tableaux qui n'ont ni dessein ni coloris, ils sont placés les uns sur les autres contre le mur de la nef : quatre rangées de ces tableaux y font tout l'ornement de la cathédrale. Les prêtres seuls ont le droit d'entrer dans le choeur dont les portes sont toujours fermées, si ce n'est dans les cérémonies d'éclat.

L'abbé Chappe d'Auteroche, qui a voyagé dans la Sibérie, nous rend compte de quelques cérémonies usitées dans ce pays.

« J'ai été témoin, dit-il, de la cérémonie de
» la scène : Saint-Pierre était représenté par
» un gros moine bien nourri et de bonne mine,
» mais apperemment peu au fait de ces exer-
» cices ; il avait l'air gauche et imbécille : l'ar-
» chevêque avait au contraire un air aisé et
» une vivacité qui caractérisait parfaitement
» son enthousiasme. Après avoir lavé les pieds
» à onze moines, il s'adressa à Saint-Pierre : il
» s'éleva alors une grande dispute qu'on n'en-
» tendait pas, parce que ce prélat avait à une
» de ses manches, un carré d'étoffe entouré
» de clochettes qui faisaient un bruit considé-
» rable, mais on reconnaissait aisément à l'air
» triste et embarrassé du moine qu'il n'aimait
» pas les disputes. Quelques éclats de rire des

» assistans achevèrent de le déconcerter, et
» on ne les fit cesser qu'en lui lavant promp-
» tement les pieds. »

Le rit grec est observé dans la Sibérie comme dans la Russie. On y fait communier les enfans quoiqu'ils n'aient que cinq ou six mois. Le même voyageur a vu à Tobolsk éveiller un petit enfant pour cette action : il fit connaître par ses cris et ses pleurs qu'on aurait pu l'en dispenser : on le fit néanmoins communier, et on ne l'appaisa qu'en lui donnant à teter.

Le jour de Pâques est consacré aux visites, comme le premier jour de l'an l'était en France. Les hommes vont dans la matinée les uns chez les autres : ils s'annoncent en disant, J. C. *est ressuscité*, et on leur répond : *oui, il est ressuscité*. On s'embrasse alors ; on se donne mutuellement des oeufs ; et l'on boit beaucoup d'eau-de-vie.

L'après midi est consacré à voir les femmes, et elles vont aussi faire des visites. Les hommes se réunissent communément avec elles pour les visites : elles en goûtent le plaisir avec vivacité, parce qu'elles jouissent rarement de cette liberté, et les hommes ont celui de boire toute la journée. L'appartement dans lequel on reçoit les visites est paré de tout ce qu'on a de plus beau ; une espèce de buffet en forme d'autel, s'élève dans le fond de l'apparte-ment : toutes les richesses de la famille, as-siettes, plats, couverts, bouteilles, verres, chandeliers, etc., y sont distribués sur plusieurs gradins et placés dans le plus grand ordre. On voit au milieu de la chambre une table cou-verte d'un tapis ; elle est garnie de confitures de la Chine et d'une espèce de framboise du pays, qu'on a fait sécher au soleil. En entrant dans l'appartement, tout le monde se place de-bout, le long des bancs qui règnent tout au-tour, les femmes les premières et les hommes après. Alors la maîtresse de la maison va em-brasser toute l'assemblée sur la bouche avec le plus grand sérieux et sans dire un mot. Cette cérémonie faite, les hommes se retirent dans un autre appartement, et les femmes restent seules dans le premier. On a disposé de même dans la chambre des hommes, une table avec un tapis et des confitures.

Le maître de la maison fait les honneurs dans cet appartement, tandis que la femme les fait dans l'autre. On sert aux femmes du café à l'eau, avec une espèce de mauvaise bière, et du thé, qu'on boit plutôt par complaisance pour la maîtresse de la maison que par goût. Mais pour les hommes, le maître de la maison leur sert abondamment de l'eau-de-vie et d'autres liqueurs. On sert ensuite une sorte d'hydromel, du café, et de tems en tems de l'eau-de-vie; il faut boire de toutes ces choses, et prendre quelques confitures. La visite dure communément une demi-heure, l'on retourne ensuite dans l'appartement des femmes, où l'on est embrassé de nouveau, et l'on va ensemble chez la voisine : on est ainsi toute la journée à parcourir la ville et à boire ; après trois ou quatre visites, les hommes sont presque tous ivres.

Climat et Moeurs.

Le froid est excessif dans la Sibérie, surtout vers ses limites occidentales. Il augmente dans quelques heures avec tant de vivacité que les hommes et les chevaux sont frappés de mort, lorsque trop éloignés des habitations, ils ne peuvent s'y réfugier promptement.

Il arrive souvent dans les froids ordinaires, que quelques parties du corps se gêlent. On se contente alors de les frotter avec de la neige, et la circulation se rétablit bientôt. Le climat de Tobolsk est aussi très-froid ; les hivers y sont cependant moins durs que dans la partie occidentale.

Le sol des environs de cette ville, est très-propre à l'agriculture : on trouve partout une couche de terre noire d'un pied et même de deux d'épaisseur : cette terre est si grasse qu'on n'y fait jamais usage de fumier pour l'engraisser : elle est si légère qu'on laboure facilement avec un cheval. Malgré tous ces avantages elle est cependant négligée , tant à cause de la paresse des habitans que de la rigueur du froid , de la durée des hivers, et des pluies presque perpétuelles qui succèdent au dégel ; ce qui est cause que le blé qu'on y séme parvient rarement à une parfaite maturité.

Dans la ville d'*Ienisseck* on a vu l'air comme gelé ; il ressemblait à un brouillard, quoique le ciel fut sans nuage. Cette espèce de brume empêchait la fumée des cheminées de s'élever, les moineaux et les pies tombaient, et mouraient glacés , lorsqu'on ne les portait pas aussi-tôt dans un endroit chaud. Quand on ouvrait la porte d'une chambre il se formait subitement un brouillard auprès du poêle, et dans l'espace de vingt-quatre heures , les fenêtres étaient couvertes d'une glace de trois lignes.

Le froid commence à s'y faire sentir au mois vendémiaire ; les arbres se dépouillent sur la fin du même mois, toutes les herbes se

B 3

flétrissent; il tombe de la neige , et le froid
forme du verglas. Les rivières charient en
abondance; les habitans de ce pays font un
usage très-avantageux des morceaux de glace
qu'ils en retirent : comme les peaux ne peuvent les préserver des grands froids , ils choisissent les morceaux de glace les plus pures ,
les placent en dehors de leurs fenêtres , les
arrosent d'un peu d'eau , et la fenêtre est faite.
Dans quelques-uns de ces cantons la terre est
encore couverte de neige au mois de mes-
sidor ; la glace y est, d'une épaisseur considérable, et ne dégèle point pendant le jour. La
terre y est quelquefois gelée de trois pieds de
profondeur. A *Jakutsk*, ville située au 62°. de
latitude , et 145°. 42'. et demi de longitude ,
on y a trouvé la terre gelée de treize toises en
voulant creuser un puits.

La nature n'offre à Tobolsk dans le mois
de germinal que les horreurs de l'hiver ; la
fonte successive des neiges forme et entretient des torrens dans les montagnes : les uns
se précipitent dans les rivières , les font gon-
fler et inondent les environs ; d'autres parcourent la plaine , la sillonnent dans tous les
sens, et portent par tout le désordre et la dé-
solation. Le ciel est presque toujours nébu-
leux; les vapeurs qui ont formé ces nuages

retombent en neige, en pluies, et quelquefois en brouillards glacés auxquels on craint d'autant plus de s'exposer que, chassés par des vents impétueux, ils font éprouver des douleurs plus vives qu'un froid plus excessif. C'est dans l'alternative de la pluie, de la neige et des brouillards qu'on passe cette saison de l'année. Au milieu de prairial la terre s'y couvre quelquefois de neige, mais bientôt le soleil en s'approchant du solstice, rend l'air plus tempéré, cet astre est alors presque toujours sur l'horizon; on peut lire à minuit avec la plus grande facilité : quoique la chaleur y soit d'une courte durée, cependant dans ce petit intervalle les végétaux y prennent tout-à-coup leur accroissement.

Les campagnes y rapportent peu de fruits, quelques groseilles qu'on trouve dans les bois, une espèce de pin qui ressemble au cèdre, produit un fruit assez recherché; on le mange cru, et l'on en retire une huile pour l'usage ordinaire de la table. On n'y voit que des sapins, qui paraissent aussi vieux que la terre; quelques malheureux habitans y font une incision, et en reçoivent la séve dans des vases dont ils font leur hydromel.

Les femmes sont généralement belles à To-bolsk; elles ont la plus grande blancheur, une physionomie douce et agréable; leurs yeux sont noirs, languissans, et toujours baissés : elles n'osent jamais regarder un homme en face : elles n'ont point de coiffûres ; mais elles font usage de mouchoirs de couleurs, qu'elles entrelacent avec tant d'art dans leurs cheveux, presque toujours noirs et sans poudre, que cet arrangement leur donne l'air le plus séduisant. Elles mettent toutes du rouge ; les filles comme les femmes ; les servantes, et une partie du peuple sont même dans cet usage.

Les femmes sont communément bien faites jusqu'à l'âge de dix-huit à vingt ans ; mais leurs jambes sont toujours grosses, ainsi que leurs pieds. La nature semble avoir prévu en cela l'embonpoint qu'elles doivent avoir un jour, et qui semble demander des points d'appui très-solides.

Les bains qu'elles prennent deux fois par semaine contribuent surtout à leur déformer la taille : ils occasionent dans toutes les parties du corps, un relâchement, qui est cause qu'avant l'âge de trente ans elles sont presque passées.

Les deux sexes sont très-mal-propres, malgré les bains qu'ils prennent. Les femmes changent rarement de linge, et elles ne connaissent point tout ce détail de vêtemens qui forment le négligé des femmes d'Europe; négligé ordinairement plus séduisant que la plus belle parure. Les personnes du premier rang n'ont dans leurs maisons qu'un lit pour le mari et pour la femme, sans rideaux, sans oreillers, ayant seulement sept à huit oreillers plus petits les uns que les autres en forme de pyramides. Les autres personnes de la maison couchent communément sur des bancs ou sur des nattes. Les maîtres n'ont dans leur appartement que quelques chaises de bois, un gros poêle et une petite table.

Les hommes sont extrêmement jaloux de leurs femmes à Tobolsk, et dans la plus grande partie de la Russie : ils restent cependant peu avec elles au-delà de Moscou; ils passent la plus grande partie de la journée à boire, et rentrent chez eux communément ivres. Les femmes sortent peu : elles vivent seules dans l'interieur de leur maison, livrées à l'ennui et à l'oisiveté, source de la corruption de leurs mœurs.

On n'y connaît point cet amour délicat, apanage des ames sensibles, dont la vertu la plus sévère ne peut pas toujours se défendre. Un amant n'y jouit jamais de cet état enchanteur que fait sentir la volupté, de devoir à ses soins et à l'excès de son amour, l'embarras, le trouble et l'égarement d'une amante, qui voudrait être vertueuse. Ces situations sont inconnues en Sibérie et dans la plus grande partie de la Russie, où les moeurs policées du reste de l'Europe n'ont pas encore pénétré. Dans ces contrées barbares, les hommes tyrannisent leurs femmes qu'ils regardent et traitent comme leurs premières esclaves, et en exigent les services les plus vils : ils les obligent, dans leurs fiançailles, de leur présenter une poignée de verges en grande cérémonie, et de tirer leurs bottes, pour preuve de la supériorité du mari, et de la servitude de la femme. Abusant plus que par tout ailleurs, du droit du plus fort, ils ont établi les lois les plus injustes, lois que la beauté et la douceur de ce sexe n'ont encore pu ni détruire ni adoucir. D'après un pareil traitement, il n'est pas étonnant qu'on n'y trouve pas la délicatesse de sentiment des pays policés. Il suffit quelquefois d'être téméraire, pour être heureux, si l'on peut l'être en pareil cas ; cependant l'occasion ne s'en trouve pas souvent. On ne voit communément les femmes qu'en présence de leur mari ; et si on leur marque des soins et des attentions, on court risque de n'être plus à portée de les revoir.

Les étrangers qui ignoraient les usages du pays, ont souvent éprouvé les suites fâcheuses du préjugé où ils étaient, qu'il était permis d'être poli, et d'avoir des égards pour ce sexe, ainsi que dans le reste de l'Europe. Plus instruits dans la suite, ils connurent qu'il ne fallait faire aucun cas des femmes, en présence des maris ; et en partageant leurs plaisirs de la table, ils parvenaient bientôt à pouvoir être en particulier, plus honnêtes avec les femmes. C'est ainsi que la corruption de ce sexe en Russie est une suite de la tyrannie des hommes.

Les femmes ne connaissent d'autres plaisirs que celui des sens : elles se livrent souvent à leurs esclaves, qui ne sont pas eunuques : la bonne constitution et la vigueur déterminent toujours leur choix.

Ce pays ne sera jamais policé tant que les femmes y vivront dans l'esclavage, et ne serviront point à l'agrément de la société. Si les hommes exercent la plus grande sévérité envers leurs femmes, ils sont beaucoup plus indulgens à l'égard de leurs filles. Ils prétendent qu'une femme ayant un mari, ne doit être occupée que de lui ; au lieu que les filles doivent jouir d'une plus grande liberté pour se procurer un époux : elles ne manquent pas d'en profiter de bonne heure, sans consulter les parens ni l'église. Dès l'âge de douze à treize ans, elles ont souvent connu les douceurs du mariage, avant l'âge de puberté : mais l'inconséquence des hommes est si extraordinaire, qu'en accordant aux filles cette liberté, qu'une bonne éducation devrait diriger, ils exigent qu'elles conservent leur virginité : ils prétendent s'assurer de cet état, par des experts, qui y apportent l'examen le plus sévère, et qui serait le plus indécent par tout ailleurs.

Le jour fixé pour la cérémonie du mariage, et après que les prétendus ont été mariés par un prêtre, ainsi que dans les églises, les parens de la fille donnent un grand soupé, où se trouvent ceux du mari, quelques amis, et un sorcier, dont l'objet est de détruire tous les sortiléges que d'autres magiciens peuvent mettre en usage pour empêcher la consommation du mariage. On conduit avant le soupé les nouveaux mariés à la chambre nuptiale, dans la plus grande cérémonie : ils sont accompagnés d'un parrain et d'une marraine.

Le sorcier est à la tête, le parrain vient immédiatement après, conduisant la jeune mariée ; le mari donne la main à la marraine, et le garçon d'honneur à la plus proche parente du mari, qui est du nombre des experts; les femmes nommées pour experts sont communément au nombre de trois ou quatre. Pendant que ce cortège va à la chambre nuptiale, on finit de tout disposer pour la fête dans l'appartement où l'assemblée est restée: elle n'attend que le retour des mariés pour se livrer au plaisir, dans la persuasion où l'on est, que la décision des experts sera favorable à la jeune mariée.

L'appartement nuptial ne contient communément qu'un lit, ordinairement très-propre, et sans rideaux, les images que le parrain et la marraine ont données aux jeunes mariés, quelques chaises et une table, où sont des bouteilles d'eau-de-vie, des verres placés sur un cabaret, auprès duquel est une vieille matrône.

Le cortége étant arrivé dans la chambre nuptiale, la matrone présente à la jeune mariée le cabaret où sont des verres remplis d'eau-de-vie, ou dautres liqueurs : celle ci en présente d'abord au magicien, et ensuite à chacun, suivant son rang; le sorcier fait tous ses sortiléges, et l'on deshabille la jeune mariée, lui laissant seulement un petit jupon et une camisole ; mais l'un et l'autre arrangés pour ce jour de cérémonie, où doit régner la volupté. On deshabille de même le mari, à qui on passe une robe de chambre : la jeune mariée embrasse alors toute l'assemblée sur la bouche, présente de nouveau un verre d'eau-de-vie ; et après avoir bu, tout le monde se retire dans l'appartement qui précède la chambre nuptiale ; les jeunes mariés restent seuls avec la matrone, qui préside à cette cérémonie ; elle y prend d'autant plus d'intérêt, qu'elle est récompensée si la jeune pupille est décidée vierge ; au lieu qu'on la force de boire dans un verre percé, au milieu de l'assemblée, lorsqu'elle n'est point vierge ; ce qui est un arrêt d'infamie.

Après la consommation du mariage, on fait rentrer les femmes expertes, qui deshabillent la jeune mariée toute nue, pour juger de sa virginité. Parmi les différentes preuves, ils regardent comme la plus certaine, celle où le linge a été ensanglanté, et dans ce cas on place sa chemise dans une cassette; on en remet une autre à la mariée, qu'on habille, et l'on fait rentrer le sorcier, le parrain, et le garçon d'honneur. La matrone triomphante dans cette circonstance, présente de nouveau le cabaret à la jeune mariée, pour offrir encore un verre de liqueur à tout

le cortége. On ramène ensuite les deux époux
à l'assemblée : la cassette qui contient le dé-
pôt de la virginité de la jeune femme, passe
la première ; et sitôt que cette cassette. paraît, la musique annonce le triomphe des
deux époux. On montre pendant ce concert
à tous les convives, les marques de la virginité de la mariée, et pendant plusieurs jours
on transporte la cassette chez tous les voisins. Après que l'assemblée a été convaincue
de la virginité de la mariée, elle danse quelques minutes avec son mari, et l'on se met
promptement à table, où la plupart des
hommes s'enivrent pour l'ordinaire (1).

Il y eut plusieurs mariages à Tobolsk pendant le séjour qu'y fit l'abbé Chappe; voici
ce qu'il dit : « Je ne pus jamais obtenir d'être
admis à leur fête ; une femme surtout, d'ailleurs fort aimable, s'y opposa constamment,
dans la crainte, disait-elle, que je ne trou-
vasse leur cérémonie ridicule, et que je n'en
fisse part au public.

_____

(1) Les Turcs sont si jaloux de la virginité de leur
femme, que s'ils n'en ont pas des preuves évidentes,
ils la renvoient à ses parens le lendemain du mariage.
Ils croient de même que la femme n'est point vierge,
lorsque la défaite n'est point sanglante.

A·mon retour de Tobolsk à Saint-Péters
bourg, je fus engagé en route à être garçon
d'honneur. Un officier militaire épousa une
demoiselle de seize ans, des plus jolies de
la ville. Je jugeai que le père était négociant
à l'ancien habillement russe qu'il avait con
servé, et à une espèce d'opulence du pays
qui paraissait dans la maison. Je m'y rendi.
à cinq heures du soir : l'assemblée était bril
lante ; elle était composée de quelque noblesse de l'endroit, et d'autres personnes du
lieu habillées à la russe, mais très galam-
ment. La jeune mariée se faisait distinguer
dans cette assemblée par sa parure et sa beauté
Malgré son habillement, partie russe, partie
français, on découvrait dans sa taille, la
tournure la plus élégante et la plus noble :
des cheveux du plus beau noir, mais sans
poudre, formaient seuls sa coiffure : une
partie était nattée, et le reste tombait en
grandes boucles sur ses épaules (1) et sur
son sein, de la plus grande blancheur, et
à moitié découvert. Elle avait une physionomie très-piquante, animée par deux grands

(1) Cette coiffure est en usage dans toute la Russie
dans ce jour de cérémonie.

yeux

yeux noirs bien fendus, où brillaient le desir
de plaire et l'amour du plaisir.

» Avant d'aller à la chambre nuptiale, on
but à plusieurs reprises différens verres de
liqueurs, et l'on se mit en marche de la même
manière que je l'ai rapporté, avec cette différence qu'il n'y avait point de sorcier. Cette
marche se fit dans le plus grand sérieux, et
sans parler. Nous ne trouvâmes dans la chambre
nuptiale qu'une vielle matrone, un lit sans
rideaux, selon l'usage du pays; mais il était
d'ailleurs superbement paré ; les autres meubles
consistaient dans une table et quelques chaises
de bois.

» La jeune mariée nous donna à tous un
baiser sur la bouche, nous présenta de la liqueur, fut déshabillée à l'ordinaire, ainsi
que le mari, et nous nous retirâmes dans une
antichambre. Nous y restâmes dans le plus
grand silence, jusqu'à ce qu'on ouvrit la
porte pour faire entrer les experts : ils en sor-
tirent bientôt en fureur, et traversèrent l'appartement comme un éclair : le parrain pâlit
à cet événement. Après avoir rêvé quelque
tems, il entra dans la chambre nuptiale,
dont la porte était restée ouverte. Je le suivis :
le mari s'était déjà retiré. Je restai interdit
à la vue de la jeune mariée : elle était en-

core toute nue , évanouie entre les bras de
la matrone ; sa tête était penchée sur son
épaule droite , appuyée contre la figure ridée
de la vieille matrone , qui la soutenait d'une
main placée au-dessous des reins ; elle tenait
de l'autre la chemise , qu'elle n'avait pas eu
le tems de passer , et qui s'échappait de
toute part par sa pésanteur. La jeune mariée avait le corps un peu penché en arrière ;
son bras gauche pendait sur le côté, qu'on
voyait à découvert ; tandis que l'autre bras
touchait presque à terre. Immobile dans cette
attitude, et les yeux fermés , j'aurais cru qu'elle
n'était plus du nombre des vivans , sans les
mouvemens qu'occasionnait la respiration sur
une gorge naissante , où toutes les formes
de la jeunesse paraissaient avec éclat : elles
en acquéraient de nouveaux par la figure ,
la couleur et l'ajustement de la vieille.

Le parrain s'approche et lui parle dans la
langue du pays : à ce son de voix la jeune
mariée ouvre des yeux mourans , qu'elle tourne
de son côté, lève un bras languissant ; il retombe aussitôt, et ses yeux se referment :
le parrain tente en vain de lui faire avaler de
l'eau-de-vie ; il lui en jette sur le visage :
elle ouvre les yeux une seconde fois , fait des
efforts pour soulever sa tête : ses regards éga-

tés paraissent chercher la lumière ; mais elle
ne peut encore proférer une parole. Le froid
de la mort l'avait totalement défigurée : ses
lèvres étaient livides et fanées ; et ses joues
étaient retirées, et couvertes d'une pâleur
mortelle. Je craignais qu'elle ne pût résister
à cet excès de douleur. Ses yeux ne présen-
taient qu'une membrane blanche à travers les
paupières à moitié fermées. Le parrain redouble
ses soins et ses caresses : elle laisse enfin échapper un soupir, on la relève sur ses jambes
encore faibles : mais ce premier état de connaissance augmente ses malheurs ; elle lève
les mains et les yeux au ciel, et semble im-
plorer le secours de l'univers ; ses yeux fixes
et ouverts ne répandaient point de larmes.
J'étais tout saisi de ce spectacle affreux : je
ne pus en être témoin plus long-tems ; je
courus rejoindre ceux qui m'avaient conduit à ce mariage, dans le dessein de m'en
retourner chez moi, et de m'éloigner de ce
séjour de douleur : mais l'assemblée me présenta une nouvelle scène.

Les expertes, semblables à des mégères,
étaient à peine sorties de la salle nuptiale,
qu'elles avaient mis le désordre dans l'assemblée : les deux plus vieilles et les plus mé-
chantes, vomissaient des injures au bon

homme de père , en lui tenant le poing sous
la gorge. Ce père anéanti , et les bras croisés ,
souffrait toutes ces injures en silence , tandis
que sa femme , persécutée par d'autres pa-
rentes du mari , versait des torrens de larmes ,
et jetait les hauts cris. Je vois plus loin une
autre furie , qui tient d'une main une bou-
teille , et de l'autre le verre percé ; les yeux
étincelans , et le visage pâle de fureur ,
elle court dans l'appartement les bras tendus ,
demande à tout le monde la matrone , pour
la faire boire dans le verre percé : elle heurte
et culbute tout ce qui se trouve sur son passage. Les convives tâchent de se démêler de
ce désordre comme ils peuvent : l'un cherche
son chapeau , une femme demande son man-
telet : d'autres veulent en vain adoucir les parens du jeune mari. Dans ce désordre un plat
renversé cause de nouveaux troubles de la
part du domestique qui a été culbuté , et de
celui dont l'habit a été gâté. Des enfans réfugiés dans un coin de l'appartement , font
des cris affreux. Les musiciens en groupe sur
une espèce d'amphithéâtre , se disposaient de
même à partir ; mais ils avaient déjà tiré
parti du festin , par quantité d'eau-de-vie qu'ils
avaient bue : l'un , en attendant qu'il puisse
trouver un passage , admire tranquillement

ce spectacle ; un autre est si ivre, qu'il paraît ignorer la triste aventure de la jeune mariée ; et la tête tremblante, ainsi que tout son corps, il prélude un air sur son violon ; tandis qu'un troisième, le corps en arrière, élève avec peine un bras énervé par l'eau-de-vie ; et en le laissant tomber, apostrophe de sa large main la physionomie du joueur de violon, pour l'avertir qu'il faut partir.

Enfin je trouvai au milieu de ce désordre la personne qui m'avait conduit à cette noce. Tranquille dans un coin, elle y observait cette scène tragique. Je la déterminai cependant à partir : mais elle ne cessa d'en rire jusqu'au logis, ainsi que de la colère que sa joie m'occasionnait. Lui ayant demandé que deviendrait la jeune mariée, il me répondit qu'elle ne reparaîtrait plus dans l'assemblée, où il ne resterait que quelques personnes : que le mari garderait sa femme ; et qu'à la longue il prendrait le meilleur parti, celui du raccommodement.

» Ces usages se pratiquent avec la plus grande rigueur dans toute la Russie, au-delà de Moscou : mais on n'est plus si rigide dans cette ville, ainsi qu'à Saint-Pétersbourg : parmi les nobles on se contente communément d'enlever la chemise de la mariée, peudant qu'elle est couchée avec son mari, et cette chemise offre toujours des preuves authentiques de sa virginité. Racontant un jour à Saint-Pétersbourg le triste événement de la jeune mariée, dont je viens de parler, une jeune demoiselle m'interrompit, et fit part à l'assemblée des sages précautions qu'on prend dans cette ville, pour éviter de pareils inconvéniens. Je fus seul étonné de l'esprit cultivé de cette jeune demoiselle : on en trouverait rarement ailleurs de si instruites. »

L'artifice est cependant une précaution nécessaire dans ces circonstances : souvent l'effusion de sang n'a point lieu, quoique les filles soient très-vertueuses, tandis que d'autres en répandent, quoiqu'elles ayent eu commerce avec des hommes. Des faits viennent à l'appui de ces vérités dont les anatomistes éclairés conviennent, ainsi que de l'incertitude des autres prétendus signes de virginité. L'effusion de sang étant en Russie la condition la plus essentielle, nous nous bornons à rapporter ici ce que M. de Buffon dit à ce sujet :

« On a cru dans tous les tems, que l'ef-
» fusion de sang était une preuve réelle de
» la virginité ; cependant il est évident que
» ce prétendu signe est nul dans toutes les
» circonstances où l'entrée du vagin a pu

» être relâchée ou dilatée naturellement. Aussi
» toutes les filles, quoique non déflorées,
» ne répandent pas de sang : d'autres qui
» le sont en effet, ne laissent pas d'en ré-
» pandre : les unes en donnent abondam-
» ment, et plusieurs fois ; d'autres très-peu,
» et une seule fois ; d'autres point du tout.
» cela dépend de l'âge, de la santé, de la
» conformation , et d'un grand nombre
» d'autres circonstances. Nous nous conten-
» terons d'en rapporter quelques unes ; en
» même-tems nous tâcherons de démêler sur
» quoi peut être fondé tout ce qu'on raconte
» des signes physiques de la virginité.

» Il arrive dans les parties de l'un et de
» l'autre sexe, un changement considérable
» dans les tems de la puberté ; celles de l'homme
» prennent un prompt accroissement, et or-
» dinairement elles arrivent en moins d'un an
» ou deux, à l'état où elles doivent rester pour
» toujours : celles de la femme croissent aussi
» dans le même tems de la puberté ; les
» nymphes sur-tout, qui étaient auparavant
» presque insensibles, deviennent plus grosses,
» plus apparentes, et même elles excèdent
» quelquefois les dimensions ordinaires ; l'écou-
» lement périodique arrive en même-tems ; et
» toutes ces parties se trouvant gonflées par

» l'abondance du sang, et étant dans un état
» d'accroissement, elles se tuméfient, elles
» se serrent mutuellement, et elles s'attachent
» les unes aux autres dans tous les points où
» elles se touchent immédiatement. L'orifice
» du vagin se trouve ainsi plus rétréci qu'il
» ne l'était, quoique le vagin lui-même ait
» pris aussi de l'accroissement dans le même-
» tems. La forme de ce rétrécissement doit,
» comme l'on voit, être fort différente dans
» les différens sujets, et dans les différens
» degrés de l'accroissement de ces parties ;
» aussi paraît-il, par ce qu'en disent les ana-
» tomistes, qu'il y a quelquefois quatre pro-
» tubérances ou caroncules, quelquefois trois
» ou deux, et que souvent il se trouve une
» espèce d'anneau circulaire ou sémi-lunaire,
» ou bien un froncement, une suite de petits
» plis ; mais ce qui n'est pas dit par les ana-
» tomistes, c'est que quelques formes que
» prenne ce rétrécissement, il n'arrive que
» dans les tems de la puberté. Les petites
» filles que j'ai eu occasion de voir dissé-
» quer, n'avaient rien de semblable ; et ayant
» recueilli des faits sur ce sujet, je puis
» avancer que quand elles ont commerce avec
» les hommes avant la puberté, il n'y a au-
» cune effusion de sang, pourvu qu'il n'y

» ait pas une disproportion trop grande, ou
» des efforts trop brusques ; au contraire ,·
» lorsqu'elles sont en pleine puberté , et dans
» le tems de l'accroissement de ces parties,
» il y a très-souvent effusion de sang, pour
» peu qu'on y touche , sur-tout si elles ont
» de l'embonpoint, et si les règles vont bien ;
» car celles qui sont maigres , ou qui ont
» des fleurs blanches, n'ont pas ordinaire-
» ment cette apparence de virginité ; et ce
» qui prouve évidemment que ce n'est en
» effet qu'une apparence trompeuse, c'est
» qu'elle se répète même plusieurs fois, et
» après des intervalles de tems assez consi-
» dérables. Une interruption de quelque tems
» fait renaître cette prétendue virginité ; et
» il est certain qu'une jeune personne, qui
» dans les premières approches aura répandu
» beaucoup de sang , en répandra encore
» après une absence, quand même le pre-
» mier commerce aurait duré pendant plu-
» sieurs mois, et qu'il aurait été aussi intime
» et aussi fréquent qu'on le peut supposer:
» tant que le corps prend de l'accroissement,
» l'effusion de sang peut se répéter, pourvu
» qu'il y ait une interruption de commerce
» assez longue, pour donner le tems aux·
» parties de se réunir, et de reprendre leur·

» premier état ; et il est arrivé plus d'une
» fois, que des filles qui avaient eu plus d'une
» faiblesse, n'ont pas laissé de donner en-
» suite à leur mari cette preuve de leur vir-
» ginité, sans autre artifice que celui d'avoir
» renoncé pendant quelque tems à leur com-
» merce illégitime. Quoique nos moeurs ayent
» rendu les femmes trop peu sincères sur cet
» article, il s'en est trouvé plus d'une qui
» ont avoué les faits que je viens de rap-
» porter. Il y en a dont la prétendue virgi-
» nité s'est renouvelée jusqu'à quatre et même
» cinq fois, dans l'espace de deux ou trois
» ans. Il faut cependant convenir que ce re-
» nouvellement n'a qu'un tems ; c'est ordi-
» nairement de quatorze à dix-sept, ou de
» quinze à dix-huit ans. Dès que le corps
» a achevé de prendre son accroissement les
» choses demeurent dans l'état où elles sont,
» et elles ne peuvent paraître différentes qu'en
» employant des secours étrangers, et des
» artifices dont nous nous dispenserons de
» parler.

» Ces filles dont la virginité se renouvelle,
» ne sont pas en aussi grand nombre que
» celles à qui la nature a refusé cette espèce
» de faveur. Pour peu qu'il y ait de déran-
» gement dans la santé ; que l'écoulement

» périodique se montre mal et difficilement;
» que les parties soient trop humides; 'que
» les fleurs blanches viennent à les relâcher,
» il ne se fait aucun rétrécissement, aucun
» froncement : ces parties prennent de l'ac-
» croissement; mais étant continuellement
» humectées, elles n'acquièrent pas assez de
» fermeté pour se réunir. Il ne se forme ni
» caroncules, ni anneau, ni plis : l'on ne
» trouve que peu d'obstacles aux premières
» approches, et elles se font sans aucune
» effusion de sang. .

» Rien n'est donc plus chimérique que les
» préjugés des hommes à cet égard, et rien
» de plus incertain que ces prétendus signes
» de la virginité des corps. Une jeune per-
» sonne aura commerce avec un homme avant
» l'âge de puberté, et pour la première fois;
» cependant elle ne donnera aucune marque
» de cette virginité : ensuite la même per-
» sonne, après quelque tems d'interruption,
» lorsqu'elle sera arrivée à la puberté, ne
» manquera guères, si elle se porte bien,
» d'avoir tous ces signes, et de répandre du
» sang dans de nouvelles approches; elle ne
» deviendra pucelle qu'après avoir perdu sa
» virginité; elle pourra même le devenir plu-
» sieurs fois de suite, et aux mêmes condi-

» tions. Une autre au contraire qui sera vierge
» en effet, ne sera pas pucelle, ou du moins
» n'en aura pas la moindre apparence. Les
» hommes devraient se tranquilliser sur tout
» cela, au lieu de se livrer, comme ils le
» font souvent, à des soupçons injustes, ou
» à de fausses joies, selon qu'ils s'imaginent
» avoir rencontré. »

Avant Pierre Ier., la cérémonie du mariage
des czars de Russie n'était pas moins extraordinaire. Il ne sera peut-être pas inutile de
la rapporter ici : c'est une époque qui peut
servir à faire connaître le progrès des moeurs
civilisées en Russie. Elle est des plus authentiques. Il existe un manuscrit curieux sur
ce sujet, avec les planches dessinées. Il est
d'autant plus intéressant, que les copies en
sont très-rares en Russie même.

En 1626, Michel Romanow, aïeul de
Pierre Ier., se choisit une épouse suivant
l'usage ordinaire. *Histoire de Russie sous
Pierre-le Grand.*

« Pour marier un czar, on faisait venir à
» la cour les plus belles filles des provinces :
» la grande maîtresse de la cour les recevait
» chez elle, les logeait séparément, et les
» faisait manger toutes ensemble. Le czar
» les voyait, ou sous un nom emprunté, ou

» sans déguisement. Le jour du mariage était
» fixé sans que le choix fût encore connu,
» et le jour marqué on présentait un habit,
» de noce à celle sur qui le choix secret était
» tombé (1) : on distribuait d'autres habits
» aux prétendantes, qui s'en retournaient
» chez elles. C'est de cette manière que Michel
» Romanow épousa Eudoxe, fille d'un pauvre
» gentilhomme nommé *Streshneu*. Il cultivait
» ses champs lui-même avec ses domestiques,
» lorsque des chambellans envoyés par le czar
» avec des présens, lui apprirent que sa fille
» était sur le trône. »

Après que le czar Romanow eut choisi son
épouse, il la fit conduire avec pompe dans
une grande salle, où il avait assemble les
principaux seigneurs de la cour. Il leur déclara, assis sur son trône, qu'il avait choisi
pour épouse Eudoxe, fille du boyard Streshneu,

---

(1) Cette manière de choisir une *femme* a été imitée
en France, par le duc de Villeroi, sous Lous XV,
pour lui procurer la célèbre Mde. Dubarry, fille Lange;
le roi s'était caché pendant le dîner, derrière une
porte vîtrée, et l'adroit courtisan avait entouré la fille
Lange de compagnes infiniment moins belles ; il n'eut
pas grand peine à déterminer son maître pour cette
femme. Le roi la lui indiqua en disant : *celle que je*
veux, est celle qui me faisait face.

et qu'il leur ordonnait, ainsi qu'à tous ses sujets, de la reconnaître et respecter comme princesse issue de la famille royale. Il donna de même ses ordres pour faire enregistrer son mariage dans les archives de l'état, et le faire publier dans toute l'étendue de sa domination. On commença dès ce moment les préparatifs du mariage, et le czar distribua toutes les charges de la cérémonie.

Le jour suivant le czar, suivi de toute sa cour, alla voir le patriarche son père. Il se rendit ensuite à l'église, pour y entendre sa messe, et lui annoncer de nouveau son mariage. Le czar déclara au patriarche, après la messe, qu'il ne lui avait demandé jusqu'ici son consentement, que comme à son père ; mais qu'il était venu pour le lui demander eu égard à la qualité de sa charge de patriarche. Ce prélat fit un discours au czar sur sa soumission exemplaire, sur son mariage, et lui donna la bénédiction avec l'image de la Vierge.

La cérémonie du mariage exigeait plusieurs appartemens arrangés de la manière que je vais rapporter. On avait placé dans le premier appartement le trône du czar, et dans le milieu une grande table couverte d'un tapis vert brodé en or. Des siéges étaient disposés antour de la table, pour les principaux seigneurs de la cour, et des bancs pour le reste de l'assemblée. On y voyait quatre images placées suivant les quatre points cardinaux.

Le second appartement était superbement orné : on l'appelait le salon nuptial. Le trône du czar était dans le milieu, avec deux fauteuils pour leurs majestés, dont les coussins étaient d'étoffes très-riches. On avait placé sur chaque coussin quarante peaux de martres zibelines. Un seigneur de la cour était debout à côté du trône, et tenait autant de peaux dans ses mains. Une grande table était disposée vis-à-vis du trône, ainsi que dans le premier appartement, avec cette différence que celle-ci était couverte de trois napes. Tout le service consistait dans trois plats, et une salière avec du sel : le premier plat contenait un gâteau ; le deuxième des confitures en pyramide, et le troisième un fromage. Il y avait aussi sur la même table plusieurs douzaines de mouchoirs blancs de mousseline, qui devaient servir à présenter ces différens mets au czar, à la czarine, et aux seigneurs de la cour. Les tiroirs de la table étaient remplis de ces mets, au cas que ceux qui étaient sur la table ne fussent pas suffisans. Cette salle contenait, ainsi que la première, quatre images disposées de la même façon.

On avait préparé dans un troisième appartement, voisin du premier, deux *couroway*
ou grands pains nuptiaux ; l'un pour le czar,
et l'autre pour la zarine. Le nombre neuf était,
désigné trois fois sur ces pains : leurs parties
supérieures, et toutes les figures de décora-
tion étaient dorées, et leurs parties inférieures
étaient argentées. Ces deux pains étaient
placés sur des brancards qui posaient eux-
mêmes sur une table couverte d'un tapis vert.
Les deux pains étaient aussi couverts ; celui
du czar d'un velours rouge brodé en or, et
celui de la czarine d'une étoffe d'or.

On avait placé dans un quatrième appartement, sur une table couverte d'un tapis,
deux cierges de figure conique, mais tron-
qués par le bas : celui du czar pesait trois
poudes, ou quatre-vingt-dix-neuf livres de
France ; celui de la czarine deux poudes, ou
soixante-six livres. Ces cierges étaient entourés
de quatre cercles d'or, et les intervalles étaient
peints de différentes couleurs. ...

On trouvait dans un cinquième appartement, sur une grande table couverte aussi
d'un tapis vert, deux grandes lanternes nup-
tiales d'argent doré, mais de figures différentes : celle du czar était plus grande que
celle de la czarine, et pointue comme les
clochers

clochers ordinaires ; celle de la czarine était en forme de dôme.

Le premier jour de la cérémonie nuptiale , le czar sortit de ses appartemens ordinaires, dans ses habits royaux : il portait par·dessus unè espèce de simare très-riche , un manteau de velours brodé en or , et doublé de martres zibelines. Un choeur de chantres précédait la marche, chantant des chansons d'alégresse. Ils étaient suivis par les chambellans et les gentilshommes de la cour. Les ministres du cabinet venaient après. Ceux-ci étaient suivis des conseillers-privés , du chancelier , et des officiers de la solennité nuptiale , nommés *bruchi.* Plusieurs princes précédaient le czar, qui marchait appuyé sur le bras du chef des officiers de la cérémonie. Tout l'intérieur de la maison du czar , gentilshommes , bas officiers , et valets de pied , fermaient la marche.

Le czar étant entré dans le premier appartement dont il a été parlé , salua plusieurs fois, ainsi que sa suite , les quatre images placées aux quatre coins du salon : il se plaça sur son trône vis-à-vis la grande table , et fit asseoir tout le monde.

Pendant que le czar sortait de son appartement pour venir dans celui-ci, la czarine

avait aussi quitté le sien, et s'était rendue
avec toute sa suite dans un autre appartement, où elle attendait les ordres du czar
pour aller au salon nuptial.

Le czar, après s'être placé sur son trône
dans le premier appartement, ordonna au
chef de la cérémonie d'aller complimenter
de sa part la princesse Eudoxe, et de la
prier de se rendre dans la grande salle nuptiale. A peine le chef de la cérémonie se fut-il
acquitté des ordres du czar, que la princesse
Eudoxe, habillée en czarine, et la couronne
sur la tête, se mit en marche par la grande
gallerie du palais, magnifiquement tapissée,
jusqu'au grand escalier. La marche commença
par les deux seigneurs qui portaient les cierges
dont j'ai parlé. Ceux qui portaient les pains
venaient après, et ils étaient suivis par les
porteurs de lanternes : les officiers de noces
suivaient immédiatement ; ils étaient riche-
ment habillés, et ils avaient des bonnets
fourés de peaux de renards noirs. Ceux qui
portaient le cierge de l'épiphanie venaient
après : il était allumé; au lieu que ceux de
la noce ne l'étaient point. Le chef du conseil
suivait immédiatement, portant un grand plat
d'or rempli de froment, de blé, d'avoine,
et de tous les grains qui viennent en Russie.

Il était suivi par deux autres, dont l'un portait un vase rempli de miel, et l'autre un peigne dans un plat. La czarine était encore précédée par cinq seigneurs : le premier portait vingt-sept peaux de zibelines, et vingt-sept mouchoirs de mousseline brodés en or ; le deuxième, vingt-sept peaux d'hermines ; le troisième, vingt-sept peaux d'écureuils ; le quatrième, un plat qui contenait cinquante-une pièces d'argent monnayé de Russie ; et le cinquième un autre plat, qui contenait neuf pièces d'or. Tous les officiers de la cérémonie portaient de grandes serviettes en bandoulière.

Les autres officiers de cérémonie venaient après ce cortége, ainsi que le clergé, précédé d'un archiprêtre, qui jetait de l'eau bénite dans tous les endroits où la czarine devait passer ; enfin la czarine paraissait au milieu d'un cercle formé par les dames de la cour, appuyée sur le bras de la première *swachy* ou femme d'honneur. Elle était suivie par une autre swachy, qui portait un plat d'or, avec des mouchoirs de mousseline brodés en or, pour le czar, le patriarche, et la mère du czar.

La czarine arriva avec sa suite dans l'apparment nuptial dont j'ai déjà parlé : il était

voisin du premier appartement du czar; elle
fit, ainsi que toute sa suite, des signes de
croix et des révérences à toutes les images,
et aussitôt l'archiprêtre s'approcha du trône
où étaient les deux fauteuils; il les bénit, et
prit les quarante peaux de zibelines, qui
étaient sur le fauteuil de la czarine, et les
donna à tenir à un seigneur placé à droite
du trône. La première swachy conduisit alors
la czarine au trône dans le fauteuil à gauche,
et un des principaux seigneurs russes se plaça
dans l'autre : on l'appelait aussi par cette
raison *garde-place du czar*.

Le père du czar ne pouvant assister à la
cérémonie, par sa qualité de patriarche, ni
sa mère, parce qu'elle était religieuse, leurs
places restèrent vacantes. Ces deux siéges
étaient un peu élevés, et à gauche de la
czarine. Toutes les autres femmes de la cérémonie se placèrent immédiatement après,
autour de la table, quand elles eurent chanté
plusieurs chansons analogues à la cérémonie.

Les *couroway* (1) ou pains nuptiaux furent
placés, avec le brancard, vis-à-vis du trône;
les cierges à droite, avec celui de l'épiphanie,
et les lanternes à gauche.

---

(1) On les nomme encore en Russe *Kouraki*.

Tout étant ainsi disposé, le chef de la noce envoya deux officiers au czar, pour l'avertir de l'arrivée de la princesse Eudoxe : ils lui témoignèrent en même tems le désir et l'empressement qu'elle avait de le voir. Le czar fit savoir au chef de noce, qu'il se rendrait bientôt au salon nuptial. Il y envoya en même-tems , en grand cortége, le prince Iwan Nikitycz Romanow , pour occuper la place du père du czar. Iwan Nikitycz Romanow fit en entrant de grandes révérences à chaque image séparément, et ensuite à la czarine , mais sans lui parler. Il se plaça à table à gauche de la czarine, et à côté de son épouse, qui représentait la mère du czar. Après avoir gardé quelque tems le silence, il déclara au prince Iwanowich Szuiski, qu'il le choisissait pour ambassadeur, avec le prince Daniel , pour annoncer au czar *bonne nouvelle*, que son père, sa mère, et la princesse Eudoxe leur fille, l'attendaient avec impatience dans la salle nuptiale.

Le prince Iwan Iwanowich Szuiski et le prince Daniel se levèrent aussitôt ; et après avoir fait la révérence aux images, au père, à la mère du czar, et à la czarine, ils allèrent à l'appartement du czar ; et le prince Daniel portant la parole, dit au czar : « Grand prince

» et duc de Russie, notre très-gracieux sou-
» verain, le prince Iwan Nikitycz, tenant
» la place de votre père, m'envoie vous avertir
» qu'il est tems de continuer votre affaire de
» mariage, et vous prier de vous rendre dans
» le salon nuptial, où toute l'assemblée vous
» attend, avec l'impatience de vous voir réuni
» à une princesse remplie de mérite et de
» vertu, qui doit faire le bonheur et la
» satisfaction de tous vos sujets. »

Le czar se mit aussitôt en marche, pour
aller à la salle nuptiale. La czarine et toute
l'assemblée se levèrent dès que le czar parut :
il s'arrêta au milieu de la salle ; et après avoir
salué les quatre images, l'archiprêtre lui
parla en ces termes : « Grand prince Michel
» Feodorowich, notre très-gracieux souve-
» rain, la mère sainte église vous permet de
» vous réunir légitimement à la princesse
» Eudoxe : vous pouvez vous placer à côté
» d'elle ; » et il lui donna la bénédiction avec
la croix d'or. Le prince Czerkavisei prit par
la main le garde-place du czar, qui était à
côté de la czarine, et plaça le czar sur le
trône à droite de la princesse : tous les officiers et seigneurs de la cérémonie se placèrent
à la droite du czar.

Le czar ordonna en même-tems à toute

l'assemblée de s'asseoir. Après quelques momens de silence, l'archiprêtre commença des
prières. La princesse Sancho et le conseiller
Demetri Obrarcou s'approchèrent du trône.
Ce dernier portait un vase rempli de miel,
et la princesse Sancho un peigne, qu'elle
trempa dans ce vase. Elle peigna alternativement le czar et la czarine, trempant de
tems en tems le peigne dans le miel. Le
sieur Théodore Lichaczou tenait un grand
plat rempli de froment, de blé, d'avoine,
et autres grains de Russie mêlés ensemble,
et il en jetait des poignées sur les cheveux
et la face du czar et de la czarine, chantant
des chansons de jubilation, ainsi que la princesse Sancho, pendant qu'elle peignait leurs
majestés. On alluma en même-tems les cierges
et les lanternes dont j'ai déjà parlé. Le cierge
de l'épiphanie était toujours resté allumé.

Après que la princesse Sancho eut bien
peigné le czar et la czarine, elle remit la
couronne sur la tête de la princesse Eudoxe,
aidée des autres dames de cérémonie, et on
remit de même celle du czar. Une dame de
noce, nommée *Sibacha* en Russe, prit encore
un grand plat d'or rempli de graines, et en
jeta de nouveau sur la tête et sur la face de
leurs majestés, jusqu'à ce qu'il n'y en eût

plus dans le plat. Elle le remplit de nouveau,
et le porta sur une petite table, placée tout
exprès dans l'antichambre du grand salon. Le
chef de cérémonie se leva alors de sa place,
tenant un grand couteau à sa main droite :
il s'adressa au prince Iwan Nikitycz, qui
représentait le père du czar, et lui demanda,
au nom de toute l'assemblée, la permission
de couper le couroway ou gâteau nuptial,
ainsi que le fromage. Cette permission lui
ayant été accordée, il en coupa d'abord pour
le czar et la czarine, qu'il leur envoya par
trois officiers, sur des mouchoirs de mousseline : l'un portait du gâteau, le deuxième
du fromage, et le troisième des confitures.
Ces mets étaient les seuls qui fussent sur la
table, ainsi que je l'ai déjà dit.

On envoya de pareils députés au patriarche,
avec les mêmes présens, et à la mère du
czar, qui était dans le couvent. On distribua
ensuite les restes de ces différens mets à toute
l'assemblée, et des mouchoirs de mousseline
aux principales dames de la cour, de la part
de la czarine.

Toutes ces cérémonies étant finies, le chef
de noce donna les ordres pour aller à l'église.
Leurs majestés furent à peine descendues du
trône, que des officiers ôtèrent la première

nappe, sur laquelle on avait coupé le gâteau
nuptial et le fromage. Le czar ordonna en
même·tems au grand-chambellan de sa garde-
robe, de garder soigneusement cette nappe,
et que l'armoire où elle serait placée fût
fermée à double tour, et cachetée du sceau
de l'état. Le grand officier de noce monta
ensuite sur le trône : il plaça le coussin du
czar sur celui de la czarine, avec quarante
peaux de martres zibelines ; et le prince Daniel
resta auprès du trône, pendant que leurs
majestés furent à l'église, où l'on transporta
les quarante autres peaux.

Le czar trouva à la sortie du palais, un
cheval turc, superbement harnaché, et quantité d'autres chevaux pour sa suite. On avait
préparé un superbe traîneau pour la czarine,
et d'autres moins magnifiques pour toutes les
femmes de la cérémonie. Le czar étant monté
sur son cheval, fit le tour de la cour du
palais, où tous les seigneurs et les dames
formaient un cercle. La marche commença
ensuite par six écuyers, et par quelques autres
officiers de la cour. Les principaux seigneurs
suivaient immédiatement, et précédaient le
czar : il était suivi par le reste de sa maison.
La suite de la czarine marchait après celle
du czar : les officiers étaient à cheval, et

les dames dans les traîneaux ; deux files de
jeunes gens en uniforme marchaient sur les
côtés, afin que la multitude du peuple ne
causât aucune interruption entre la suite du
czar et celle de la czarine.

Le czar et la czarine étant entrés dans
l'église, leurs majestés se placèrent vis-à-vis
la porte du sanctuaire, sur deux prie-dieu,
en dehors du choeur : les cierges nuptiaux,
les pains, les lanternes, le cierge de l'épiphanie, étaient à leur droite, et les oreillers
du lit de leurs majestés à gauche.

Le choeur des chantres commença la cérémonie par plusieurs chants : on ouvrit la
porte du sanctuaire, et l'archiprêtre parut à
la tête du clergé ; leurs majestés se placèrent
alors sur des peaux de martres zibelines, au
nombre de quarante, qu'on avait étalées par
terre, sur du taffetas blanc.

Après quelques prières, l'archiprêtre bénit
les lanternes, les pains, les cierges, les oreillers, et du vin contenu dans un grand vase
d'or, qui était porté par M. Petrowich Mazura,
chef-sommelier du czar. Il était accompagné
dans cette cérémonie, par tous les autres
sommeliers subalternes.

Après ces différentes cérémonies, l'archiprêtre maria le czar et la czarine, et les fit

boire par trois fois du vin béni, dans un gobelet d'or. On chantait pendant ce tems des chansons d'allégresse : le reste du vin fut placé sur l'autel, pour l'usage du sacrifice. On complimenta ensuite le czar, au nom du peuple et de l'église.

La cérémonie du mariage étant finie, le czar prit par la main la czarine, et la conduisit à son traîneau. On avait étalé par terre du taffetas blanc, auprès de ce traîneau, ainsi qu'auprès du cheval du czar. En retournant au palais, la czarine commençait la marche, et le czar la suivait à cheval. On portait devant lui le gâteau nuptial, les cierges, et les lanternes bénites. A peine le czar fut descendu de cheval à la porte du palais, que le grand écuyer monta, l'épée nue, sur ce cheval, et M. Bochdan dans le traîneau de la czarine : l'un et l'autre tournèrent alors plusieurs fois autour du palais et dans la ville.

Leurs majestés étant arrivées au palais, le czar conduisit la czarine au salon nuptial : ils se placèrent sur le trône ; on disposa sur les côtés les cierges, les lanternes et le gâteau nuptial, ainsi qu'avant la cérémonie. Le czar ordonna ensuite à toute la cour de se mettre à table : elle fut servie avec somptuosité ; mais leurs majestés restèrent tout ce tems-là sur le

trône, sans manger. Vers la fin du repas on
apporta , vis-à-vis de la place du czar et de
la czarine , un hapon rôti, une tourte de
confiture , un gâteau, et une salière avec de
sel. La première dame de la cérémonie s'ap
procha très-respectueusement du trône , en
veloppa tous ces différens mets dans, une
nappe, et les donna aux quatre premiers of
ficiers de la bouche du czar, pour les porte
dans l'appartement où le czar et la czarine
devaient coucher. Ces mets y furent gardé
soigneusement.

Après le repas , leurs majestés se levèren
pour aller dans cet appartement : tous les sei
gneurs se rangèrent du côté du czar , et toute
les dames du côté de la czarine. Le prince
Nikitycz , faisant les fonctions de père du
czar, donnait la main à la czarine : toute la
cour conduisit leurs majestés dans un grand
salon qui précédait la chambre à coucher. Le
czar s'arrêta au milieu de cet appartemen
avec toute la cour, qui formait deux haies
Le prince Nikitycz remit alors la czarine au
czar ; et après avoir fait un discours analogue
à la circonstance, il ouvrit la porte de la
chambre où leurs majestés devaient coucher.

On fit d'abord entrer dans cet appartement
toutes les dames de noce , nommées *swachy*,

insi que tous les hommes , nommés *bruchi :*
es porteurs de cierges , de lanternes et de
ouroway , entrèrent ensuite , et les y dépo-
èrent. Le czar et la czarine suivaient immédiatement. Leurs majestés s'arrêtèrent à l'en-
rée de la porte , et se tournèrent vers l'assemblée. Alors la princesse Nikitycz , qui était
restée à côté de la porte , avec un grand plat
d'or rempli de froment , de blé , et d'autres
graines , s'avança auprès de leurs majestés :
elle avait une robe longue de zibeline , le poil
en dehors. Cette princesse , après s'être placée
en face du czar et de la czarine , jeta sur la
ace et sur le corps de leurs majestés , toutes
les graines qui étaient dans le plat , pendant
qu'on chantait des chansons d'allégresse. Cette
érémonie étant finie , leurs majestés entrèrent
dans leur appartement , avec le prince et la
rincesse Nikitycz , et la porte fut fermée.

Leurs majestés furent à peine assises , que
es dames de la cérémonie commencèrent à
hanter des chansons pour faire le lit nuptial.
es officiers portèrent aussitôt les différens
meubles qui devaient le composer. On disposa
abord le bois de lit , sur lequel on mit un
pis de velours , et deux gerbes de froment
r dessus. On plaça sur ces gerbes des ma-
las , des draps , une couverture très-riche ,

et les coussins qui avaient été bénis à l'églis
Un prêtre posa ensuite, en grande cérémoni
des images au chevet du lit de leurs majesté
l'une au-dessus de la tête du czar, et l'aut
au-dessus de celle de la czarine.

Après que le lit fut fait, le prince Nikitycz
qui tenait la place de père, et son épouse
qui tenait celle de mère, s'approchèrent c
leurs majestés, et les conduisirent au lit nuptia
Tout le monde se retira dans l'appartemer
ou salon nuptial, et toute l'assemblée se m
de nouveau à manger. La table était servi
aussi splendidement que pour le dîner, ave
cette différence cependant, que les femme
s'étaient retirées dans les appartemens de l
czarine, où l'on avait préparé un festin pareil
On resta à table jusqu'au lendemain matir
à neuf heures, que le czar fit appeler le princ
Nikitycz, et son épouse : ils entrèrent dans
l'appartement, avec les officiers et les dame:
de la noce. Leurs majestés s'étant habillées,
les seigneurs conduisirent le czar dans son
appartement, où il leur donna à déjeûner
avec du gâteau et des liqueurs. Les dame:
qui conduisirent la czarine dans le sien,
furent traitées de même.

Le lundi, qui était le troisième jour de l
noce, le czar fut aux bains, avec les prin

cipaux seigneurs de la cour, et la czarine
avec les principales dames. Leurs majestés les
prirent à la façon du pays : elles y dinèrent
seules, et firent servir sur d'autres tables ceux
qui les y avaient accompagnées. Après les
bains, le czar et la czarine furent reconduits
à la chambre à coucher, et y furent suivis
par tous les seigneurs et toutes les dames de
la cour. Le czar entra le premier, et la czarine
ensuite, la tête couverte d'un voile : elle se
plaça à côté du czar au milieu de l'apparª
tement. Le prince Nikitycz ôta avec une
flèche le voile de la czarine, afin que toute
l'assemblée pût la voir. Le grand chancelier
fit publier aussitôt dans le palais, au son de la
trompette, que le czar permettait de voir la
czarine. Tout le monde fut admis à rendre
hommage à leurs majestés, à la façon de
Russie, c'est-à-dire en se prosternant à
terre. Il y eut le même jour dans les appartemens du czar, un grand souper, et le jour
suivant un pareil chez la czarine. Les hommes
et les femmes furent admis à ces deux festins ; leurs majestés y soupèrent sur une table
séparée, et un peu élevée.

Le czar ayant fait témoigner au patriarche,
par le grand chancelier, le desir qu'il avait de
le voir ; ce prélat se rendit à la cour à la tête

de son clergé. Le czar alla recevoir le patriarche à la porte de la chambre d'audience, préparée pour sa réception. Le prélat, après
avoir donné la bénédiction à sa majesté avec
la croix d'or, s'assit à son côté dans un grand
fauteuil un peu élevé, ainsi que celui du czar,
qui était seul sur le trône. Après quelque tems
de conversation, le garde des archives apporta
le registre, où était le contrat de mariage du
czar, pour le faire signer au patriarche. Le
clergé rendit ensuite ses hommages au czar,
et lui fit les présens d'usage : ils consistaient
en gobelets d'or et d'argent, en étoffes, et en
péaux très-précieuses.

Quelque tems après le czar se leva, prit le
patriarche par la main, et le conduisit dans
l'appartement de la czarine : elle alla le recevoir dans l'antichambre ; elle fit entrer le
patriarche le premier, et le czar ensuite. Tout
le clergé suivait la czarine, qui reçut la bénédiction du patriarche avec la croix d'or. Quand
il eut béni tout l'appartement, le clergé rendit
ses hommages à la czarine, et lui fit des présens,
ainsi qu'il avait fait au czar.

Ce prince conduisit, après ces cérémonies,
le patriarche et tout le clergé dans un grand
salon, où l'on avait préparé un grand dîner.
Les

Les officiers qui devaient servir furent les seuls qui eurent la liberté d'y entrer.

Au commencement du règne de Pierre Ier, les Russes se mariaient, sans que les prétendus se fussent jamais vus. Les parens du garçon envoyaient une espèce de matrone chez les parens de la fille : *Je sais que vous avez de la marchandise*, leur disait-elle ; *nous avons des acheteurs.* Après quelques éclaircissemens, et quelques jours de négociations, les parens se voyaient. Lorsque le garçon convenait à ceux de la fille, ils fixaient le jour de la cérémonie. On conduisait l'avant-veille du mariage le prétendu chez son épouse future : elle le recevait sans lui parler. Un de ses parens était chargé d'entretenir le garçon. Le prétendu envoyait le jour suivant un présent à la demoiselle : il consistait dans des confitures, du savon, et autres choses de ce genre. Elle n'ouvrait la boîte qu'en présence de ses amies, qu'elle envoyait chercher : elle s'enfermait avec elles, ne cessant de pleurer, pendant que ses amies chantaient des chansons analogues à son mariage.

On ne trouve plus que parmi le peuple des vestiges de ces derniers usages. Les moeurs européennes que Pierre Ier a tâché d'introduire dans ses états, ont détruit dans quelques

endroits une partie des anciens préjugés.
Depuis cette époque on se recherche en mariage. Parmi les grands , les fortunes et les
grandes alliances décident les parens ; les
enfans, comme partout ailleurs, sont rarement
consultés.

Les moeurs européennes ont cependant fait
peu de progrès en Russie, parce qu'elles n'ont
aucun rapport avec ce gouvernement despo-
tique : elles y ont introduit le luxe ; et la com-
munication du russe avec l'étranger , ses voya-
ges surtout l'ont rendu plus malheureux, parce
qu'il a eu dès-lors un terme de comparaison
de son état avec celui de l'homme libre.

Notre voyageur dit encore :

J'ai vu cette nation à huit cents lieues de
la cour , et par ce moyen j'ai été à portée
de la connaître.

La société en général est peu connue en
Russie , sur-tout au-delà de Moscou. Eh !
comment pourrait-elle se former dans un gouvernement où personne ne jouit de cette liberté
politique qui établit par-tout ailleurs la sureté
de chaque citoyen ? Tout le monde se craint
mutuellement : de-là la méfiance, la fausseté,
la fourberie. L'amitié , ce sentiment qui fait
le charme de la vie, n'a jamais été connue en
Russie : elle suppose une sensibilité d'ame qui

identifie deux amis, et des épanchemens de coeur qui mettent en commun leurs plaisirs et leurs peines. Les hommes ayant peu de considération pour les femmes au-delà de Moscou, elles ne sont pour rien dans la société ; et sans elles comment en former? Elles vivent presque toujours enfermées dans l'intérieur de leurs maisons ; elles y passent leurs jours dans l'ennui, au milieu de leurs esclaves, sans autorité et sans occupation ; elles ne jouissent pas même du plaisir de la lecture, parce que la plupart ne savent pas lire. Les hommes y sont aussi ignorans que les femmes. On se voit de tems en tems en grande cérémonie : les gouverneurs et les principaux magistrats donnent de grands dîners plusieurs fois dans l'année. Les parens s'assemblent de même de tems à autre, pour fêter le saint de la famille ; mais ils admettent rarement dans ces festins des personnes qui ne soient pas alliées. Dans les grands repas on invite les hommes et les femmes ; mais ils ne sont ni à la même table, ni dans le même appartement. La maîtresse de la maison ne paraît à l'appartement des hommes qu'au moment où ils vont se mettre à table : elle porte un grand cabaret couvert de verres remplis d'eau-de-vie : elle en présente dans un état d'humilité à tous les convives, qui ne la regardent seulement pas : on lui remet les verres, et elle se retire aussitôt.

Leurs repas sont toujours très-nombreux ; tous les états y sont invités : le militaire, le clergé, le magistrat et le négociant, sont tous à la même table ; mais avec cette différence, qu'on y observe mieux que dans aucune cour d'Allemagne, l'étiquette du rang : les militaires y sont placés suivant leur grade ; il en est de même des autres états ; on n'a aucun égard à la naissance.

On sert tous les mets à la fois. La viande coupée en petits morceaux dans un bouillon, forme leur potage. Ils font quelquefois des ragoûts ; mais on ne peut en manger qu'autant qu'on y est accoutumé. La table est couverte communément de plusieurs pyramides de rôt : la plupart de ces pyramides sont composées de différentes sortes de gibier, et les autres de viande de boucherie. On sert en même-tems des confitures de la Chine, et celles qu'ils font avec les fruits du pays.

Leur façon d'être à table, et leurs usages, ressemblent beaucoup, à ce qu'il paraît, à ceux de quelques cantons d'Allemagne ; mais ils n'en ont pris que le ridicule, qu'ils ont encore augmenté. Un profond silence règne pendant le dîner ; il n'est interrompu de tems en tems que par les santés qu'on porte.

A peine est-on à table que chacun verse dans son verre du vin factice, ou du vin de liqueur ; puis tous se lèvent aussitôt pour boire à la santé les uns des autres. On appelle chaque convive par son nom de baptême, de famille, et l'on avale une goutte de vin à chaque santé.

J'ai assisté à quelques-uns de ces dîners, composés de plus de soixante personnes : elles se saluaient toutes en même-tems. Leurs attitudes et le mélange des différens sons offraient un spectacle assez singulier. Pierre ne pouvant se faire entendre de Jacques, s'allongeait sur la table, et criait de toutes ses forces : dans ce moment il était interrompu par François, qui le saluait, ou par un coup de tête de Philippe, qui, en se retournant de droite à gauche, ignorait sa posture. Philippe avait bientôt son tour en portant son verre à la bouche : son voisin lui donnait un coup de coude ; et en renversant une partie de son vin, l'interrompait dans le moment le plus intéressant. Ces différentes scènes, variées sous différentes formes, se répétaient presque à chaque endroit de la table. Le tableau était d'autant plus plaisant, que tous les person-

nages n'étaient pas également patiens. Quant
à moi, je ne trouvai jamais le moment de
b jire à la santé de personne. Je ne cessai
cependant à tous momens, de remuer la tête
à droite ; à gauche et en avant. On regarde
comme un grand talent celui de saisir les
momens si à propos, qu'on boive à la santé
de tout le monde en conservant sa dignité,
et sans éprouver aucun accident.

Cette première santé étant portée, on s'as-
sied, et l'on a la liberté de manger quelques
momens. On place dans quelques endroits de
la table des vases de verre en forme de cylin-
dres : ils ont six pouces de haut sur quatre
pouces de large. Chaque convive qui est à
portée d'un de ces vases, le prend et boit à
même. Un convive commettrait une grande
impolitesse, s'il prenait un verre pour ne pas
boire dans le même vase que son voisin. Cet
usage est non-seulement dégoûtant, mais
encore très-dangereux, à cause du scorbut,
très commun en Russie.

A peine a-t-on mangé quelques minutes,
qu'on boit à la santé de l'empereur. Cette
santé se porte différemment : on place sur
la table, devant la personne la plus distinguée, un grand bocal de verre, qui a un
couvercle de la même matière, Cette personne

se lève, ainsi que son voisin de la droite : elle donne à celui-ci le couvercle, verse du vin dans le vase, et annonce qu'elle boit à la santé de l'empereur, en saluant toute l'assemblée. Après avoir bu, elle remet à son voisin le bocal, et celui-ci remet le couvercle à celui qui le suit. Toute l'assemblée boit ainsi à la santé de l'empereur, tandis qu'une troupe de musiciens chantent des chansons analogues à la cérémonie.

On boit de même, et dans le même ordre, à la santé des princes et des princesses de la famille royale, et l'on continue de manger pendant quelque tems.

On commence ensuite les santés de tous les convives, avec un autre bocal de verre : mais il n'est point de la beauté du premier ; il a pour couvercle une croûte de pain.

Cette cérémonie d'ailleurs se pratique de même, à cela près, qu'en remettant le couvercle à son voisin, on lui dit le nom de baptême et de famille de celui à la santé duquel on va boire, et on doit le répéter en le saluant ; ce qui devient assez embarrassant pour un étranger, parce que les Russes ont trois ou quatre noms de baptême. Cette cérémonie se fait dans le plus grand sérieux, et l'on doit être très exact à tout ce détail,

qui se continue à la ronde. Malgré ma bonne
volonté, la cérémonie manquait toujours à
moi. J'oubliais la multitude des saints qu'on
me nommait, et dont la plupart n'avaient jamais été dans la liste des nôtres. J'en étais
cependant très mortifié. J'avais d'ailleurs communément pour voisin un Russe très-zélé
observateur de la règle : il avait acquis le droit
d'être le législateur de la police de la table,
et il était de fort mauvaise humeur lorsqu'on
y manquait. Ce Russe avait la bonté de sup-
pléer à mon incapacité; mais il fut aussi embarrassé que moi dans un instant où il m'arriva des deux côtés deux croûtes de pain,
dont l'une avait fait, contre l'ordre, plusieurs
naufrages dans les assiettes et dans le bocal.
Ne sachant à qui répondre, ni l'usage de ces
deux croûtes, je lui remis toute l'affaire entre
les mains, et je m'assis. On lui représenta
que l'assemblée étant composée de soixante
convives, on avait fait venir un second bocal, pour accélérer la cérémonie; mais il
décida qu'il valait mieux rester deux heures
de plus à table, et ne pas manquer aux
usages reçus.

Enfin on se leva de table, et l'on passa
dans un autre appartement. Je crus d'abord
que le dîner était fini, et qu'il n'était plus

question que de prendre du café ; mais je fus bien étonné de trouver une petite table couverte de confitures de la Chine. Quatre grands drôles y attendaient la compagnie avec des bouteilles d'hydromel, de bière, et de différentes liqueurs faites avec de l'eau-de-vie. D'autres apportèrent des cabarets couverts de verres. On se mit à boire de nouveau ; la cérémonie est pour lors bannie du festin. Les Russes, quoiqu'accoutumés à ce genre de vie, résistent rarement à l'excès des liqueurs qu'ils boivent après le dîner : elles sont d'ailleurs très-spiritueuses, et l'on ne cesse de boire jusqu'au soir. Si l'on va se promener dans la campagne, les bouteilles et les verres suivent par tout la compagnie : c'est ce qu'on appelle bien faire les honneurs.

Quelques voyageurs prétendent que les femmes se livrent, ainsi que les hommes, à tous les excès de la boisson. J'ai vu par tout le contraire. Les femmes, après le dîner, restent dans le même appartement, où elles continuent de s'ennuyer ; car trente femmes sans hommes ne peuvent que s'ennuyer.

On fait un très-grand plaisir aux habitans de les aller voir ; c'est ce qu'on appelle *aller en gast*. Dès le moment qu'on est entré, la femme paraît avec le mari ; elle donne un

baiser sur la bouche à toute la compagnie.
Souvent c'est une vieille septuagénaire qui
arrive en clopinant, avec une tête tremblante,
et quelques restes de dents pourries : mais
qu'elle soit vieille ou jeure, laide ou jolie,
la cérémonie est soujours la même; ce serait un crime dans tous les cas d'y porter
de la gaieté. J'ai connu une personne en Sibérie qui dans ces circonstances allait quelquefois au-devant des dames; et quoiqué
l'étiquette exigeât qu'il eût un air bourru, un
joli minois le dissipait toujours. Un de ses
amis l'avertit qu'il en nuait essentiellement
aux femmes, qui ne s'en plaignaient pas,
et aux hommes, qui en étaient très-mé-
contens.

Après cette première cérémonie, la maîtresse de la maison se retire. Elle reparaît
presque aussitôt avec un cabaret et des verres
remplis de liqueurs : tout le monde se lève;
elle en offre; on se salue, on boit, on mange
pendant quelque tems, et l'on s'en va. Dans
les intervalles les hommes font quelquefois la
conversation; mais les femmes n'en sont jamais. Si un étranger arrive, il engage l'assemblée à aller lui faire une visite; ce qui
ne se refuse jamais. On ne sort de chez lui
qu'après avoir bien bu, et pour aller boire

chez un autre voisin. On passe ainsi toute l'après-midi à faire des visites, et communément on se retire ivre.

Toute la nation, depuis Moscou jusqu'à Tobolsk, ne connaît point d'autre plaisir de société : on danse quelquefois ; mais cela est très-rare, excepté dans les mariages.

Depuis cinquante ans environ, les femmes ont secoué à Moscou et à Saint-Pétersbourg, le joug de l'esclavage de leurs maris. Avant ce tems, elles vivaient et elles étaient traitées de la même manière que dans le reste de la Russie. Si les moeurs n'y ont pas beaucoup gagné, c'est qu'elles étaient trop corrompues avant ce changement. En général, un homme a toujours de grands torts dans toute la Russie, s'il n'est qu'aimable.

Le séjour de Moscou m'a paru préférable, à beaucoup d'égards, à celui de Saint-Pétersbourg. La ville de Moscou n'étant éloignée que de deux cents petites lieues de Saint Pétersbourg, les gouverneurs sont trop à portée du souverain, pour être des tyrans ; et les habitans en sont assez éloignés, pour ne pas craindre l'échafaud par de légères indiscrétions de société (1). On cherche le plaisir à

_____

(1) M. de Montesquieu rapporte, *liv.* 12, *chap.* 12,

Moscou; on ose à peine en parler à Saint-Pétersbourg.

Le peuple russe n'ayant aucune idée de la liberté, est beaucoup moins malheureux que la noblesse. Il a d'ailleurs peu de désirs, et par conséquent moins de besoins : il ne connaît, principalement au-delà de Moscou, ni industrie, ni commerce. Le Russe n'ayant rien en propre, est communément indifférent sur tout ce qui peut augmenter ses richesses. La noblesse même ayant toujours à craindre l'exil et la confiscation de ses biens, s'occupe moins de les améliorer, que des moyens de se procurer promptement des fonds pour satisfaire ses goûts du moment.

Les paysans russes se nourrissent fort mal; et par conséquent facilement livrés à la fainéantise dans leurs poêles, ils y vivent dans la débauche des femmes et de l'eau de-vie;

des *paroles indiscrètes*, que dans le manifeste de la feu czarine Anne, donné contre la famille Dolgorouki en 1740, un de ces princes est condamné à mort pour avoir proféré des paroles indécentes qui avaient rapport à la personne de la czarine : un autre pour avoir malignement interprété ses sages dispositions pour l'empire, et offensé sa personne sacrée par des paroles peu respectueuses.

mais ils ne peuvent pas toujours se procurer cette boisson. Si on ne les jugeait que sur la vie languissante qu'ils mènent, on leur supposerait peu d'idées ; ils sont cependant fins, rusés, et plus fripons qu'aucune autre nation. Ils ont encore une adresse peu commune pour voler. Ils n'ont pas le courage que quelques philosophes ont attribué aux peuples du nord ; les paysans russes sont au contraire d'une lâcheté et d'une poltronerie incroyable.

Ils n'ont aucun principe de morale : ils craignent plus de manquer au jeûne du carême, que d'assassiner leur semblable, surtout un étranger : ils prétendent et croient qu'il n'est pas du nombre de leurs frères.

L'esclave russe et l'esclave polonais paraissent contraires en tout : le premier néglige l'agriculture ; en général il est sans moeurs, fin et rusé. L'esclave polonais, au contraire, cultive les terres avec plaisir : il a des moeurs, et il est stupide. La différence du gouvernement des deux nations me paraît suffisante pour expliquer ces contrariétés, indépendamment des autres causes qui peuvent y avoir concouru.

L'esclave polonais possède des terres en propre ; il est tout simple qu'il aime à les

cultiver : il peut alors satisfaire ses besoins,
et jouir des agrémens de la vie sans avoir
recours au crime. Il est d'ailleurs commandé
par une noblesse libre, qui peut dans tous
les cas pratiquer impunément la vertu. S'il
est stupide, c'est qu'il est asservi. L'esclave
russe n'ayant pas un pouce de terrain, dont
il puisse disposer, l'agriculture lui est indif-
férente : il veut jouir, il aime l'eau-de-vie ;
mais il ne peut s'en procurer communément
que par les vols et les forfaits : la crainte de
la punition le rend fin et rusé.

L'esclavage a détruit chez les Russes tous
les droits de la nature : l'homme est en Russie
une denrée de commerce qu'on vend quelquefois à vil prix ; on arrache souvent des
enfans des bras de leurs mères, pour les
vendre à des personnes livrées à la débauche.
La joie dont les autres peuples jouissent en
mettant au monde le fruit de leurs amours
légitimes, n'est point faite pour les Russes.
Ce fruit est au contraire une source d'amer-
tume pour une jeune femme : elle sait que
çet enfant peut lui être enlevé au moment
qu'il joue sur ses genoux ; elle l'allaite, elle
se donne des soins pénibles pour l'élever ; il
se développe, et le terme où elle pourra en
être privée approche chaque jour : elle ne

peut jamais se flatter qu'elle trouvera dans cet
enfant chéri un soutien, un ami dans sa vieillesse. Si plus avancé en âge il est témoin
des larmes que ces affreuses réflexions font
verser à sa mère, il lui en demande la raison;
il lui prend les joues avec ses deux mains,
il les couvre de baisers, et finit par pleurer
avec elle.

Les animaux les plus vils jouissent des plaisirs
attachés à la naissance de leurs petits : l'homme
en Russie est le seul être qui ne puisse pas en
goûter de semblables. Cet avilissement y détruit tous les principes d'humanité, et toute
espèce de sentiment. Étant entré, à mon retour
de Tobolsk, à Saint-Pétersbourg, dans une
maison pour m'y loger, j'y trouvai un père
enchaîné à un poteau au milieu de sa famille :
aux cris qu'il faisait, et au peu d'égards de
ses enfans pour lui, je jugeai qu'il était fou;
mais point du tout. En Russie ceux qui sont
chargés de recruter les troupes, parcourent
les villages ; ils choisissent les hommes propres
pour le service, ainsi que les bouchers vont
par-tout ailleurs dans les étables pour y mar-
quer les moutons. Son fils avait été désigné
pour servir ; il s'était sauvé sans qu'il s'en
aperçût : le père était prisonnier chez lui; ses
enfans en étaient les geoliers, et on attendait

chaque jour son jugement. J'éprouvai à ce récit, et au tableau que j'avais sous les yeux, un frémissement d'horreur, qui m'obligea d'aller prendre à l'instant un logement ailleurs.

Cette conduite a rendu les Russes cruels et barbares : ce sont des animaux que leurs maîtres croient devoir écraser avec un sceptre de fer, pendant qu'ils sont sous le joug (1).

La noblesse russe ayant perpétuellement sous les yeux des esclaves cruels et méchans, a contracté une dureté qui n'est point dans son caractère : rampante vis-à-vis du despote, de ses supérieurs, et de tous ceux dont elle croit avoir besoin, elle traite avec la plus grande dureté ceux sur lesquels elle peut avoir des droits, ou qui n'ont pas la force de lui résister.

Le peuple en Russie n'ayant rien à démêler avec le souverain, il paraîtrait qu'on devrait du moins trouver le plaisir dans cette classe

_____

(1) La corruption du peuple Russe dans l'état actuel, exige qu'on le tienne dans une dure servitude pendant qu'il est esclave : mais l'homme qui réfléchit conçoit aisément qu'on pourrait, en prenant des précautions, le ramener à la liberté, sans avoir à craindre les inconvéniens qui se présentent d'abord. Esclave, il sera toujours corrompu.

de la nation. Par tout ailleurs les paysans s'assemblent les jours de fêtes : les pères réunis au cabaret, souvent à l'ombre d'un tilleul, se délassent de leurs travaux, en buvant quelques bouteilles de vin ; ils s'entretiennent des moyens d'accroître leurs revenus, quelquefois de politique, pendant qu'un mauvais joueur de violon, assis sur un tonneau, procure à leurs enfans les plaisirs les plus vifs.

Ces plaisirs sont inconnus en Russie : le peuple danse quelquefois, principalement certains jours de carnaval ; mais il est dans ce tems livré à la débauche et à l'ivrognerie : on n'ose pas même se mettre en route, de crainte d'être insulté par cette populace. Les paysans en Russie sont communément dans leurs poêles, les jours de fêtes, où ils restent debout devant la porte, sans faire aucun exercice : l'oisiveté est pour eux le plus grand plaisir, après ceux de l'eau-de-vie et des femmes. Si un paysan russe possède quelque argent, il va seul au *cabat* (cabaret) ; il le dépense, et s'enivre dans quelques minutes : il ne craint plus qu'on lui enlève sa fortune.

Les jeunes paysannes s'amusent quelquefois dans les beaux jours à sauter par le moyen d'une planche posée en équilibre sur une poutre couchée par terre : elles se placent debout sur l'extrémité de la planche, et s'élèvent tour à tour à cinq à six pieds de hauteur, avec la plus grande adresse. On ne voit jamais d'hommes à ces exercices , et en général ils sont rarement avec les femmes dans leurs chaumières.

Boisson , Repas.

On sert d'abord sur une table sans nappes ni assiettes, une soupe dans une petite jatte de bois, faite de chou-croûte et de gruau , sans pain ; ils la mangent avec des cuillers de bois ; cette première jatte est remplacée par une seconde de chou-croûte, préparée avec de l'huile de poisson. On accomode quelquefois la chou-croûte avec de l'huile de chénevis ou d'ours. Leur boisson est de la *Kwas*, qui n'est autre chose que de l'eau qui a fermenté avec du son et un peu de farine : cette liqueur est très-claire , et d'une couleur jaunâtre ; mais plus aigre que du vinaigre , et d'un goût insupportable pour ceux qui n'y sont pas accoutumés. Ils mangent quelquefois des pois, des navets et du radis cuits dans de l'eau avec du sel. Telle est leur nourriture pendant le carême , qu'ils observent d'une manière très-rigide , en se privant tout ce tems-là de viande, de lait, de beurre et de poisson.

La rivière d'Irtysz arrose la ville de To-bolsk et coule au pied d'une montagne qui est au couchant de cette ville. Cette montagne est très-dangereuse à escalader; car elle n'est formée que d'un sable mouvant; la rivière en mine la base continuellement. Des masses énormes s'en détachent et se précipitent dans la rivière, entraînant tout ce qui est aux environs. Cette rivière cause de grandes inondations, sur-tout dans le tems de la fonte des neiges. Le débordement fut si considérable en 1761 qu'une partie de la basse ville fut submergée jusqu'aux toits, et plusieurs personnes perdaient la vie en emportant leurs effets à travers les torrents qui culbutaient et entraînaient leurs maisons. Plusieurs parties de la montagne se détachèrent en différens endroits, et se précipitèrent dans la rivière avec un bruit effroyable. La plaine qui était au bas de cette montagne n'offrait plus qu'un espace immense d'eau.

LES bains sont en usage dans toute la Sibérie. Tous ceux qui jouissent de la plus petite fortune ont dans leur maison un bain particulier, dans lequel le père, la mère et les enfans se baignent, quelquefois en même tems. Les personnes du peuple vont dans les bains particuliers ; il y en a communément pour les hommes et pour les femmes : les deux sexes sont séparés par des cloisons de planches ; mais sortant des bains tout nus, ils se voient dans cet état et s'entretiennent des choses les plus indifférentes.

L'appartement des bains est tout en bois ; il contient un poêle, des cuves remplies d'eau, et une espèce d'amphithéâtre, sur lequel on parvient par plusieurs degrés : le poêle a deux ouvertures semblables à celle des fours ordinaires : la plus basse sert pour mettre le bois dans les poêles, et la deuxième contient un amas de pierres soutenues par un grillage de fer : elles sont continuellement rouges par l'ardeur du feu qu'on entretient dans le poêle. En entrant dans le bain on se munit d'une poignée de verges, d'un petit seau de sept à huit pouces de diamètre, qu'on remplit d'eau, et l'on se place au premier ou au deuxième degré ; quoique la chaleur soit moins considérable dans cet endroit que partout ailleurs, on est bientôt en sueur : on renverse alors le seau d'eau sur sa tête et après quelques intervalles on en renverse un deuxième et un troisième. On monte ensuite plus haut, où l'on fait les mêmes opérations, et enfin au dernier banc de l'amphithéâtre où la chaleur est la plus considérable. On s'y repose un quart-d'heure ou une demi-heure enviet dans cet intervalle, on se répand plusieurs fois de l'eau tiéde sur le corps. Un homme placé devant le poêle jette de tems en tems de l'eau sur les pierres rouges : dans l'instant des tourbillons de vapeurs sortent avec bruit du poêle, s'élèvent jusqu'au plancher, et retombent sur l'amphithéâtre, sous la forme d'un nuage qui porte avec lui une chaleur brûlante. C'est alors qu'on fait usage des verges qu'on a rendu des plus souples en les présentant à cette vapeur au moment qu'elle sort du poêle : on se couche sur l'amphithéâtre, et votre voisin vous fouette avec une poignée de verge en attendant que vous lui rendiez le même service ; dans beaucoup de bains, des femmes sont chargées de cette opération. Pendant que les feuilles sont attachées aux verges on ramasse par un tour de main un volume considérable de vapeurs : elles ont d'autant plus d'action sur le corps, que les pores de la peau sont très-ouverts, et que les vapeurs brûlantes sont poussées vivement par les verges dont on continue de vous fouetter sur toutes les parties du corps. On éprouve une chaleur très-étouffante lorsqu'on ramasse sur le visage avec les verges les tourbillons de vapeurs ; on jette ensuite de l'eau sur le corps et on le savonne, et on le frotte avec les verges qu'on tient par les deux bouts en appuyant avec beaucoup de force.

Les Russes y demeurent quelquefois plus de deux heures , et recommencent à plusieurs reprises ces différentes opérations ; la plupart se frottent encore le corps avec des oignons pour exciter une plus abondante transpiration : ils sortent tout en sueur de ces bains et vont se rouler dans la neige. Eprouvant presque dans le même instant une chaleur de cinquante à soixante degrés et un froid de plus de vingt degrés, sans qu'il leur arrive aucun accident. Les Russes d'une fortune aisée se mettent au lit en sortant du bain , et s'y reposent quelque tems. Mais les bains sont plus efficaces , pour les gens du commun qui , de cette grande chaleur passent au grand froid, que pour ceux qui vont se mettre au lit.

Animaux.

On trouve dans toutes les forêts des loups ordinaires, des loups cerviers , des sangliers , des élans , une espèce de cerf qui a beaucoup de rapport au daim : des renards , les uns blancs d'autres roux ; on en voit de gris avec une raie noire sur le dos qui sont très-estimés : les plus rares et les plus beaux sont parfaitement noirs. On y trouve aussi des hermines et des martres zibelines, ainsi que le goulu, la loutre, le castor et le renne. La perdrix et le lièvre y sont blancs pendant l'hiver; ils reprennent leur couleur en été.

- Les cousins sont en si grande quantité à Tobolsk, qu'ils désolent les habitans jusques dans leurs appartemens, ce qui force les gens de ce pays à ne sortir qu'avec des bottes, un voile sur le visage et des gants. Les moucherons y sont aussi très-incommodes. Des nuées de sauterelles et des insectes appelés demoiselles paraissent de tems-en-tems dans ces contrées, et rongent les blés, les herbes et les feuilles des arbres. On a vu les demoiselles former une colonne de cinq cent toises environ de long, sur cinq de hauteur qui volaient avec tant de vîtesse, qu'elles parcouraient vingt toises en neuf secondes.

Le pain qu'on mange dans la Russie est fort mauvais; il est aigre et d'une couleur noire, il n'est ni levé ni cuit; on ne sépare pas le son de la farine. Le territoire ne produit que quelque peu de blé et de chanvre.

· DES LOIS,

Des Supplices, et de l'Exil en Sibérie.

Un des premiers génies de l'Europe nous apprend, dans l'histoire de Russie, que Pierre Ier. acheva en 1722 le nouveau code de lois commencé en 1718 , et perfectionné sous l'impératrice Elisabeth. Pierre Ier. défendit, sous peine de mort , à tous les juges de s'en écarter , et de substituer leur opinion particulière à la loi générale. Cette ordonnance terrible fut affichée , et l'est encore dans tous les tribuneaux de l'empire. Il avait défendu sous les mêmes peines, aux juges , de recevoir des épices , et à tout homme en place d'accepter des présens. Moens de la Croix, Chambellan de l'impératrice Catherine , sa soeur , madame de Balc , dame d'atours de l'impératrice , ayant été convaincus d'avoir reçu des présens, Moens fut condamné à perdre la tête; et sa soeur , favorite de l'impératrice , à recevoir onze coups de knout. Les deux fils , l'un chambellan , et l'autre page , furent dégradés, et envoyés en qualité de simples soldats dans l'armée de Perse.

Cette sévérité est bien changée depuis la

mort de Pierre. Toutes les provinces ont des tribunaux qu'on appelle chancelleries : les tribunaux qui ont rapport aux affaires civiles et criminelles , relèvent du sénat ou du collége de justice. Dans toutes les chancelleries éloignées , la justice s'y vend presque publiquement , l'innocent pauvre est presque toujours sacrifié au criminel opulent.

Les supplices , depuis l'avénement de l'impératrice Elisabeth au trône de Russie , sont réduits à ceux des batogues et du knout.

Les batogues sont regardées en Russie comme une simple correction de police , que le militaire emploie vis-à-vis du soldat, la noblesse envers ses domestiques, et ceux à qui elle confie son autorité , envers tous ceux qu'ils commandent.

J'ai été témoin de ce supplice pendant mon retour de Tobolsk à Saint-Pétersbourg. Je me plaçai à une fenêtre, aux cris que j'entendis dans la cour : je vis deux esclaves Russes qui entraînaient par les bras une fille de quatorze à quinze ans ; elle était grande et bien faite. J'imaginai à sa parure qu'elle appartenait à quelque famille distinguée. Sa tête , coiffée en cheveux , était penchée en arrière ; ses yeux , fixés sur une personne, im-

ses vêtemens disparaissent, et dans quelques instans elle se trouve exposée toute nue jusqu'à la ceinture, aux regards avides d'un peuple immense, qui gardait un silence profond : l'un des bourreaux la prend par les deux mains; et faisant aussitôt un demi-tour, il la place sur son dos courbé, et l'élève par ce moyen de quelques pouces de terre : l'autre bourreau se saisit de ces membres délicats, avec de grosses mains endurcies; il la porte, et la transporte sans aucun ménagement sur le dos de son camarade, pour la placer dans l'attitude qui convient à ce supplice. (1) Tantôt il lui appuie brutalement sa large main sur la tête, pour l'obliger à la tenir baissée; tantôt semblable à un boucher qui va écorcher un agneau, il semble la caresser au moment qu'il a trouvé l'attitude la plus favorable.

Ce bourreau prit alors une espèce de fouet appellé *knout* : il est fait d'une longue courroie de l'épaisseur d'un écu, large de trois-quarts de pouce, et rendue extrêmement dure par une espèce de préparation; elle est attachée à un fouet tressé fort épais qui tient par une petite virole de fer à un petit morceau de cuir élastique : il s'éloigne aussitôt de quel-

(1) Voyez planche 3.

ques pas, en mesurant d'un oeil fixe l'espace qui lui était nécessaire ; et en faisant un saut en arrière, il lui applique un coup de l'extrémité du fouet, et lui enlève une lanière de peau depuis le cou jusqu'au bas du dos. Il prend en trépignant des pieds, de nouvelles mesures pour en appliquer un second parallèlement au premier ; et en quelques momens il lui découpe toute la peau du dos en lanières, qui pour la plupart pendaient sur sa chemise. On lui arracha la langue immédiatement après, et elle fut envoyée aussitôt en exil en Sibérie. Cet événement est connu de tous ceux qui ont été en Russie (1).

Un malheureux condamné au knout reçut 220 coups, que portait la sentence : son corps était tout en lambeaux. Après cette terrible opération, il eût les narines tenaillées avec des pinces, et le visage marqué d'un fer chaud, et il fut reconduit en prison d'où il devait être transporté dans les mines en Sibérie.

Une jeune veuve de 19 ans, quoique née dans une classe assez inférieure, avait été mariée à un seigneur Russe. L'amour propre des parens de cet époux avait été tellement

_____

(1) Elle fut rappelée de son exil par Pierre III, en 1762.

blessé par cette alliance, que celui ci avait
été forcé d'employer les voies juridiques pour
entrer dans ses biens ; il était sur le point
de réussir lorsque la mort l'enleva. La jeune
veuve restée avec un enfant continua les pour-
suites : mais les parens en arrêtèrent le cours
par un moyen des plus perfides. On surprit
à cette époque une correspondance secrète
qu'entretenaient quelques Russes avec la Porte
Ottomane. Plusieurs conspirateurs furent chargés de fers. Cette circonstance devint fatale
à la jeune veuve ; un des parens de son époux
qui était un des juges de cette affaire l'enve-
loppa dans cette conspiration, et la fit plon-
ger dans les cachots, d'où elle ne sortit que
pour aller au supplice : arrivée sur la place,
comme on s'apprêtait à la dépouiller de ses
vêtemens, elle pressentit le sort affreux qui
l'attendait ; des témoins oculaires rapportent
que sa douleur d'abord concentrée par cette
terrible image, s'exhala bientôt par les plus
tendres plaintes. Hélas, disait-elle, à ses bourreaux, ne fûtes-vous jamais pères ? dites-moi
si vos coeurs ne se ressèreraient pas de douleur à la vue d'un de vos enfans qu'un sort
impitoyable vous forcerait d'abandonner ! Où
me transportes-tu, disait-elle, à celui qui la
soulevait sur ses épaules ? prends garde, tu

vas me meurtrir le sein que la nature et la tendresse maternelle réservent pour substanter une innocente créature..... Ici le premier coup de *knout* (de fouet) qu'elle reçut, changea ses plaintes en un cri sourd et douloureux. On voyait cette mère, cette épouse infortunée, porter sur son visage flétri par les larmes et la douleur, l'empreinte d'un double désespoir.

Nous recueillerons encore deux traits non moins frappans par les intéressantes victimes que de hideuses passions ont sacrifiées. Deux jeunes amans étaient sur le point de s'unir; un grand, épris de la plus violente passion pour la jeune fille, avait mis en usage tout ce que la corruption et la séduction ont de plus puissant : sans cesse arrêté dans ses projets par la constante résistance de la fille, et la vertu de la mère, son amour se changea bientôt en rage; il jura la perte des deux amans et celle de la mère. Cette malheureuse femme fut accusée de prostituer sa fille : cette inculpation fut accompagnée de circonstances si révoltantes, qu'à la premiere lecture, le tribunal établi pour connaître de ces délits rendit un jugement aussi terrible par le cruel supplice auquel ils étaient condamnés, que par l'ignominie qu'il versait à jamais sur eux. Au jour fixé pour cette scène atroce, on retire ces malheureux de leurs cachots, rassemblé dans un même local au moment de parti pour le lieu où cette atroce tragédie devait se passer : chacun d'eux fut frappé de la plus grande horreur. Quel spectacle pour le jeune homme ! son amante est chargée d'indigne liens, il détourne ses regards, et il aper çoit la malheureuse mère pâle, chancelante, appelant d'une voix faible sa fille. A cette vue les deux amans ne peuvent contenir les mouvemens de leur tendresse, ils repoussent avec fureur les barbares satellites qui les entourent; vains efforts ! arrêtés par une barrière insurmontable, ils sont forcés d'être les témoins inutiles des angoisses de cette mère infortunée, qui empirent, en leur tendant les bras... Grand Dieu s'écrie la jeune fille, otez-moi la vie.... A ces mots elle tombe entre les bras de ses bourreaux.

En vain l'amour et la tendresse implorent son assistance. Son ame déchirée par les divers sentimens qui l'agitent et par une si cruelle scène, s'abandonne au plus vif désespoir : les airs retentisseat pendant sa route de ses plaintes amères, elles ne cessent qu'à l'instant où la plus barbare des opérations, l'a privé de l'usage de la parole.

La

La plus intéressante des victimes, la jeune fille affaissée sous le poids de la douleur ayant repris ses sens, portait sur son visage l'empreinte de la douleur ; cependant on y lisait le courage qui caractérise si bien la vertu. Elle adressait de tems à autre la parole à son redoutable cortége : « vous, disait-elle, d'un ton de voix des plus touchans, vous choisis pour punir le crime, n'aurez-vous pas pitié de mon sort ? ne me donnerez-vous pas une prompte mort ? vous venez de voir périr ma malheureuse mère : ah ! frappez-moi promptement, afin qu'une même tombe renferme nos deux corps. »

Arrivée au lieu de l'exécution, elle considère de sang froid les apprêts de son supplice. « De quels affreux liens me chargez-vous, dit-elle à un de ses bourreaux ? hélas ! le sort impitoyable m'en promettait de plus doux ! » cependant l'un deux s'approche et la serre fortement. Ce n'est pas le plus tendre des amans qui la serre délicatement dans ses bras. Cependant la violente douleur qu'elle éprouve lui arrache encore ces paroles : « mortel barbare, que t'ai-je donc fait pour me traiter avec tant de cruauté ? ne peux-tu me donner la mort, que je t'ai demandée en grâce, sans me traiter avec tant de rigueur ? » Elle voulait

encore parler lorsque sa voix fut étouffée par la douleur ; bientôt couverte de meurtrissures, et le visage pâle et ensanglanté , on la transporte dans son cachot.

L'ingénieuse vengeance a réuni ses deux infortunés dans leur exil ; et, par un rafinement de barbarie, ils ont la liberté de se voir, sans qu'il leur soit permis de s'approcher : on les voit se lancer alternativement des regards où brillent la douleur , la pitié et l'amour. On m'a assuré à mon départ que quelques personnes qui s'intéressaient vivement pour ce couple infortuné, espéraient leur obtenir la permission de se marier.

Le supplice du knout ordinaire ne déshonore point, parce que, dans ce gouvernement despote, chaque particulier est exposé aux mêmes événemens, qui ont souvent été les suites de simples intrigues de cour.

On condamne au grand knout les Russes qui ont commis les crimes qui ont rapport à la société. Le grand knout ne diffère du knout ordinaire qu'à quelques égards : on élève le criminel en l'air par le moyen d'une poulie fixée à une potence, et d'une corde attachée aux deux poignets liés ensemble ; on place une poutre entre ses deux jambes , attachées de même, et on en place une se-

Supplice du grand Knout.

conde en forme de croix au dessous de l'es-
tomac. On lui attache quelquefois les mains
derrière le dos ; en l'élevant dans cet état ,
ses bras se disloquent à l'omoplate.

. Les bourreaux rendent ce supplice plus ou
moins cruel par la façon dont ils l'exécutent : ils
sont si adroits , que lorsque le criminel est condamné à mort, il le font mourir à leur volonté.

Outre le supplice du knout , celui de la
roue était en usage avant l'impératrice Elisabeth. On empalait quelquefois les criminels
par le côté ; on les pendait en les accrochant
par les côtes ; il vivaient plusieurs jours dans
cette dernière situation , ainsi que les femmes,
qu'on enterrait toutes vives jusqu'aux épaules ,
pour avoir tué leur mari. Le supplice d'avoir
la tête coupée , était commun au peuple et
à la noblesse.

L'impératrice Elisabeth n'a laissé subsister
que le supplice du knout.

-. Tous les criminels condamnés aux travaux
publics subissent le même traitement : ils sont
enfermés dans des prisons environnées d'une
vaste enceinte , qui est formée de pieux de
cinquante à soixante pieds de hauteur ; ils
se retirent dans leurs prisons dans le mauvais tems, et ils se promènent dans l'enceinte ,
quand le tems le permet. Ils sont tous en-

chaînés par les pieds ; leur dépense est très-modique, n'ayant communément que du pain et de l'eau, ou, suivant les endroits, quelqu'autre aliment qui leur tient lieu de pain. Un certain nombre de soldats sont destinés à les garder, et à les conduire aux mines ou aux autres travaux publics : ils y sont traités très-durement. L'exil n'est pas le même par rapport à tous ceux qui sont condamnés à ce châtiment ; il en est qui jouissent de la liberté.

De la Russie et de la Sibérie.

DANS le district de Tobolsk, est le bourg d'Abalak ; à cinq lieues de cette ville, il y a une image de la vierge source de pelérinages et de messes. Tobolsk, chaque année, a le bonheur de posséder cette image pendant quinze jours. Ce district renferme encore un grand nombre de *Slobodes* et d'*Ostrogs*. Les *Slobodes* de Sibérie sont habitées par des paysans. Ce sont de vastes enceintes qui renferment des paroisses, des villages, même des Ostrogs. Dans la province de Tobolsk, la Slobode est un bourg entouré d'un mur de bois : ce sont les fortifications du pays. Tobolsk seule a un rempart de terre et des tours, qui l'ornent plus qu'elle n'en est défendue : mais c'est assez contre les Tartares qui ne font que

des excursions rapides comme les voleurs.
L'*Ostrog*, est ordinairement voisin de bourgs
et de villages. Il renferme la maison d'un
commandant, la chancellerie, un magasin de
vivres et de pelleteries, un arsenal, une église,
quelques autres maisons. Il est environné de
longs pieux enfoncés perpendiculairement en
terre; ou bien de poutres placées les unes sur
les autres. Nous ne parlerons que de ceux qui
ont quelque chose de singulier ou d'utile à
remarquer; et ceux là sont assez rares.

Tumen ou *Zimgitura*, sur le bord méri-
dional du fleuve Tura. La Tumenka la traverse : un pont de quatre-vingt-trois toises
en joint les deux parties. Dans la ville est une
forteresse, sept églises, un couvent, 500 métairies. Au dehors est un Ostrog ; au-dessus
une Slobode qui renferme 250 métairies
trois églises, et au nord de la Tura est un
faubourg habité par des Tartares, des Buchares
mahométans, et des Russes chrétiens. *Tumen*
fut bâtie en 1586 sur les ruines de la ville
Tartare de *Tchimgi*.

Turinsk ou *Jepantschin* sur les bords du
Tura, bâtie en 1600. Elle a un fort de bois,
six églises paroissiales et 350 maisons; les
vivres y coûtent peu, et deux livres de boeuf
n'y valent quelquefois qu'un sol.

G 3

Les Tartares de Turinsk sont moins civilisés que les autres. *Philosophei* archevêque de Tobolsk les baptisa en 1720. Ceux qui réfusèrent de si soumettre furent chassés dans le fleuve. C'est une manière chrétienne de faire des chrétiens.

Werchoturie bâtie en 1598 sur le bord de la Tura. Elle a un fort sur un rocher construit de pierre, dans lequel se trouve l'église cathédrale, la chancellerie, la maison du palatin, et quelques autres maisons de pierre ou de bois. Devant le fort est un marché et des halles, aux quatre coins desquelles est une église. Elle a un couvent de moines, un de religieuses, quatre églises, quelques chapelles, 250 maisons. Comme c'est la première ville qu'on rencontre quand on vient en Sibérie, par la route de *Solkansk*, on y visite avec rigueur tout ce qui sort et tout ce qui entre ; ses habitans vivent du fruit des cédres, et recueillent peu de blés. Sa situation est très-agréable.

Catrinenbourg ou *Ekaterinenbourg*, ville régulière, bâtie à l'allemande, habitée par des Allemands, au moins pour la plus grande partie. Son territoire a été détaché du gouvernement de Sibérie, et il comprend toutes les forges de Sibérie et de Permie, ainsi que les Slobodes et les villages dont les habitans travaillent aux mines. Pierre III la fonda en 1722 ; Catherine l'acheva en 1726. La crainte des *Baschkires* l'a fait fortifier. Elle est gardée par deux compagnies d'infanterie et un détachement d'artillerie. Les maisons toutes bâties par le prince, sont occupées par ses officiers et les maîtres des forges. Elle a 450 maisons ; ses faubourgs sont habités par les exilés et les ouvriers des mines. Elle est le centre des fonderies et des mines appartenantes à la couronne. Il y a un commandant militaire et une chancellerie qui y juge de toutes les affaires et de ce qui regarde les mines : elle en a le gouvernement général, soit qu'elles appartiennent à la couronne ou aux particuliers : elle a au-dessus d'elle le collége impérial des mines qui réside à St. Pétersbourg, et au-dessous cinq jurisdictions ou comptoirs : l'administration de la justice, les impots, l'exploitation des mines, leur revenu et le détail des biens domaniaux de la couronne. Le czar entretient dans cette ville une manufacture pour travailler le marbre et le porphyre. On y polit des cornalines, des sardoines et un cristal brun qu'on trouve auprès des mines ou dans les mines. Les eaux du fleuve Isel peuvent être gonflées par une

digue qui a quatre-vingt dix-huit toises de
long sur trois de hauteur et vingt de largeur;
elles font mouvoir tous les marteaux, toutes
les machines. Les ouvriers sont payés tous
les quatre mois, vivent à bon marché, sont
bien soignés dans leurs maladies dans un hôpital qui a un jardin botanique. Pierre I y
avait ordonné l'établissement d'une école, où
l'on devait instruire la jeunesse dans les langues
latine, allemande, italienne; dans les ma-
thématiques et le dessein : il n'y a ni maîtres,
ni écoles. Le clergé même ignore le latin.
Sa latitude est cinquante-six degrés, cinquante
et une minute, quarante-deux secondes. Sa
longitude soixante et dix-huit degrés, quarante
minutes, quarante-cinq secondes.

Treize forges, sur différentes rivières,
appartiennent à la couronne, ainsi que vingt-
quatre Slobodes, différens forts qui en dépendent, et deux Ostrogs.

La famille Schuwalow possède trois forges
dans le territoire d'Ekaterinebourg; une famille Demidow en possède quatorze et trois
Slobodes. Celle de Stroganow en possède
une; et une seconde famille Demidow d'eux.

Des forges situées en d'autres endroits de
la Sibérie, la couronne en possède trois dans
le territoire de *Kusnetsk*, deux dans celui de

Krasnojarsk, une dans celui d'*Iakutzk*, six en Permie.

Les barons de Stroganow en possèdent sept en Permie ; les Demidow , cinq. Différens particuliers en possèdent encore. Les forges de *Koliwan* ont rapporté en 1763 , 880 marcs d'or et 36240 marcs d'argent.

Pelim petite ville sur la Tawda , près du Pelim , bâtie en 1593.

Tara , petite ville bâtie en 1594 sur la rivière d'Arkarka , près de l'Irtisch. Une partie est bâtie sur la hauteur ; elle est munie d'un ostrog , d'un rempart de terre bordé de chevaux de frise. Au bas de la ville touche une slobode tartare. Il n'y a point de commerce , parce que les riches sont monopoleurs et qu'on leur permet de l'être : delà une cherté excessive , excepté dans les vivres qui ne se tirent pas du dehors. Une grande partie des habitans étaient Roskolsniks ; elle n'est pas peuplée, et il y en a plus d'une raison. En 1723 Pierre-le-grand en fit empaler près de 700 , parce qu'ils refusèrent de reconnaître l'ordre de succession qu'il venait de régler. Il ne fut grand alors que par sa cruauté , et l'homme cruel n'est pas un grand homme.

Dans le territoire de Tara habitent des Tartares payens qu'on nomme Telengutes. Ils croient qu'il y a un Dieu ; et tous les matins, le visage tourné vers l'orient , ils lui disent, *ne me tue pas*. Près de chaque village est un autel qu'ils nomment *Taïlga* où chaque année ils viennent tuer un cheval, mangent sa chair, empaillent sa peau , lui mettent dans la bouche une branche d'arbre, et la tournent vers l'orient. Ce *Taïlga* est formé avec des pieux de bouleaux rangés en carré , orné de rubans , de verdures, de pelleteries ; et ils croient honorer Dieu en y plaçant la peau du cheval : les uns brûlent leurs morts, d'autres les enterrent ; ils ne mangent point de porc ; hommes et femmes aiment l'eau-de-vie et se plaisent à humer la fumée du tabac.

Omskaia , forteresse bâtie en 1716 , dans le lieu où l'Om se jette dans l'Irtisch. Près d'elle est une grande slobode.

Jamischew-Kaia, la plus grande des forteresses du bord de l'Irtisch. Elle fut bâtie en 1717. Près d'elle sont quatre slobodes fortifiées. A une lieue et demie est le lac de Jamysch qui lui a donné son nom, et que le voyageur curieux admire. Il a plus de deux lieues de circuit : ovale, peu profond, son lit renferme plusieurs sources si salées que le sel se sépare de lui-même et retombe au fond de l'eau ; ce sel très-bon, très-blanc, se renou-

velle avec tant d'abondance, que quand plusieurs vaisseaux en auraient été chargés, on
s'en apercevrait à peine au bout de cinq
ou six jours. La cour s'en est approprié le
commerce exclusif; une garde de quelques
hommes en écarte ceux qu'elle n'y envoie
point.

Semipalatnaja, ville forte, bâtie d'abord sur
les rives de l'Irtisch; mais que ce fleuve en
rongeant ses bords a obligé de reculer suc-
cessivement : d'anciens bâtimens de pierre
dont on voit les ruines à trois lieues de ce fort,
lui ont donné le nom qu'elle porte. La terre
qui l'environne est fertile, mais on n'y cultive
que des jardins, qui donnent de très-beaux
melons. Dans les ruines dont nous avons parlé,
on trouva des écrits en langue tangute; on
y traite de leur culte; mais dès qu'un lieu
qu'ils regardent comme saint a été profané
par la guerre, ils l'abandonnent avec ce qu'il
renferme.

Ust-Kamens-Gorskaïa, petit fort au bord
de l'Irtisch dans une vaste et fertile plaine.
Il a reçu son nom de sa position, auprès de
l'ouverture d'une montagne pierreuse au travers de laquelle l'Irtisch pénètre. Il y a beaucoup d'animaux sauvages dans cette contrée.

Les Tartares qui habitent près de l'Irtisch

quittent l'été le village qu'ils occupèrent pendant l'hiver, et le reprennent aux approches du froid.

La province de *Bararba* est placée entre l'Irtisch et l'Oby. Elle a peu de bois, beaucoup de terres labourables ; mais elle est presque déserte. Embellie et arrosée par des fleuves et des rivières, des lacs remplis de corassins, le plus remarquable est celui de Tschana, où l'on trouve beaucoup d'îles. Ce pays nourrit beaucoup d'élans, de chevreuils, de renards, d'hermines et d'écureuils. On y voit çà et là des forts élevés contre les courses des Tartares, et des Kalmouks, peuples aussi brigands qu'hospitaliers. Ses habitans sont Tartares d'origine, et leur langue le prouve. Ils sont humains et bons, mais esclaves de ceux qui se disent magiciens ou magiciennes. Ils payent tribut à la Russie ; quelques-uns au Constaisch ou grand kan : il en est de mahométans, mais plus encore de payens. Ils vivent de chasse ou de leur bétail.

Beresow, bâtie en 1593 au bout du Soswa, qui se rend dans l'Oby. Le prince Menzikof y mourut en exil. Les habitans sont nommés par leurs voisins *Bielkojédi*, parce qu'ils mangent les écureuils. *Obdorskoi*, petite ville sur la Polni, dépend de Beresow ; elle donne

à la contrée le nom d'Obdoric. C'est à Obdorskoi que les Samoyédes livrent leurs tributs.

Surgut, bâtie sur l'Oby en 1593, est une
ville médiocre, entourée de palissades et de
tours. Des Ostiakes habitent ces contrées; on
y trouve des hermines, des renards noirs,
blancs et rouges; des petits gris estimés. Le
terroir ne produit pas de blé; mais le fleuve
y supplée par l'abondance de ses poissons.
Les habitans sont nommés *Griwijé*, parce
qu'ils louchent tous.

Narim, dans une île de l'Oby, défendue
par des palissades et des tours de bois : les
Ostiakes y apportent leur tribut. Ces *Ostiakes*
ou *Astakes* sont des hommes d'une taille médiocre, bien faits, mal propres, vivant au
milieu des bois dans des cabanes couvertes
de bois de bouleau, et dont les murs sont
de broussailles : ces cabanes sont petites, basses,
au milieu est l'âtre du feu. Bons guerriers,
ils affrontent l'ours, et le vénèrent après
qu'ils l'ont tué; ils s'excusent des blessures
qu'ils lui ont faites ; lui disent que les Russes
seuls en sont coupables. Ils nourrissent des
chiens pour la chasse et les attellent à leurs
traîneaux. Ignorans, stupides, ils adorent
des idoles hideuses : elles étaient de fonte :
on les leur a enlevées; ils en ont fait de

nouvelles , mais sans formes et couvertes de
chiffons. Leurs moeurs sont douces : ils sont
honnêtes , d'un commerce sûr, s'habillent de
peaux cousues l'une à l'autre. Les femmes
se servent de l'ortie pour faire de la toile;
elles sont modestes , propres, accouchent avec
facilité. Les Ostiakes en ont deux ordinairement ; le divorce y est permis et rare ; la
jalousie les trouble sans les rendre cruels;
tirer de l'arc , pêcher , chasser , c'est tout
leur art; ils aiment passionnément le tabac,
boivent de l'eau , de l'huile de baleine, du
sang; les rennes , les chiens sont leur unique
richesse. Quelques - uns sont devenus chrétiens. Ceux qui habitent le territoire de Tobolsk , de Beresow , et de Surgut, ont des
ressemblances avec les Permiens et les Finlandois. Ceux de Tomsk et de Narim en ont
avec les Samojédes.

Tomsk fut long-tems la seconde ville de
la Sibérie. Elle est sur le Tom, traversée par
l'Uschaika. En 1604 elle n'était qu'un fort
avec quatorze canons : ce fort renferme la
cathédrale , l'arsenal, d'autres édifices ; les
maisons qui l'environnent forment la ville
haute : la basse est plus habitée ; on y voit
deux couvens , quatre églises paroissiales,
une slobode tartare , des halles où cinquante

boutiques étalent les plus belles pelleteries. Les Kalmouks, les Buchares, les Mongales rendent le commerce de cette ville considérable : c'est la route des caravanes. On y trouve des ouvriers de tout genre, mais fainéans, ivrognes, débauchés, épuisés par les maux qu'entraîne ce genre de vie. On les appelle *Buligi* (braillards). Les souris sont un de leurs fléaux. Les environs de la ville sont très-beaux et très fertiles : de la ville haute, on a la perspective la plus étendue et la plus riante. Les blés y sont abondans ; mais on y trouve l'*ure*, animal le plus féroce qu'il y ait au monde.

Bogorodskoje, bourg sur l'Oby. Il a une image de la vierge comme celle d'Abalak, et comme on porte celle-ci à Tobolsk, celle-là se porte à Tomsk. Dans le territoire de Tomsk, se trouvent encore divers Ostrogs ; nous ne parlerons que de celui de *Tscheuskoi*, parce que ceux qui l'habitent vivent dans l'abondance, ont des possessions, et beaucoup de bétail.

Kusnetzk, sur la Tom. Des colonies de Tomsk, de Werchoture, de Wiliki-Nowogrod l'ont peuplée en 1618. Les Tartares *Kirgisiens* habitaient autrefois le lieu sur lequel elle est assise : la fonte et la vente du fer faisaient leur occupation et leur commerce ; c'est ce qui a donné le nom à la ville; car *Kusnetzk* signifie forge. Ces Tartares Telengutes se retirèrent vers les Kalmouks ; mais ils reviennent habiter leurs anciennes demeures; les Tartares *Abinziens* l'environnent, et se donnent entr'eux le nom d'*Aba*, et au pluriel *Abalar* : leurs cabanes sont de terre, leur occupation, l'agriculture ; ils ont la même religion que les Telengutes, et sont appellés Kalmouks blancs. Kutnetzk est une ville sans commerce qui a 500 maisons, une citadelle de bois, et un ostrog. Les champs y sont cultivés. C'est dans son territoire que l'Oby prend sa source dans le lac *Altin* ou *Teleskoi*, long de trente lieues, large de vingt. Ce lac est très profond, il grossit en été, gèle en hiver. Son lit est rempli de grands rocs que ses eaux couvrent.

– L'île de *Novaja - Sembla* (nouveau pays) est séparée de la terre ferme par le détroit de *Weigatz*. Cette île s'étend du soixante et onzième degré de latitude jusqu'au soixante et quatorzième degré quatre minutes; et d'orient en occident, sa largeur est de sept degrés de longitude. Sous le soixante et treizième degré au levant est une espèce de canal, qui se dirigeant vers le nord - ouest se

joint

joint à la mer au nord en traversant l'île.
On l'a toujours vu rempli de glace. La Novaja Sembla, ou nouvelle Zemble est stérile
et déserte, sans bois, sans broussailles, ne
produisant que peu d'herbes; environnée pendant l'hiver d'énormes glaçons dont on en
a vu qui avaient plus de deux-cents pieds d'é-
paisseur; habitée seulement par des ours blancs;
d'une espèce de lapins, par des rennes. Des
vaches marines se font voir sur les côtes;
les canards y déposent leurs oeufs. Des Hollandais y ont passé l'hiver ensevelis dans des
huttes; mais leur situation fut affreuse. Des
Russes l'y ont passé sans souffrir autant. On
prétend y avoir vu des hommes et en avoir
emmené en Dannemark, mais c'étaient des
Samojédes qui y pêchent quelquefois. Les
Russes y vont d'Archangel pêcher le *walross*;
ils passent près des îles de *Kondanes* et de
Kalguew dans de mauvaises barques et la
font sans danger. La nuit y est de deux mois
et demi : cependant il paraît à midi une
faible lueur qui annonce le jour.

DESCRIPTION

De la Province de Jeniseik, en Sibérie.

(Voir la carte, tome premier, deuxième partie, page 17.)

La partie méridionale a fait partie de l'empire des Tartares : il est incertain s'ils l'ont étendu sur l'autre. *Jeniseik* est sur le fleuve Jenisei qui a près de 1000 toises de large, le long de la ville, laquelle a une lieue et demie. Un Ostrog lui a donné la naissance et subsiste encore : il renferme l'église principale, l'arsenal, la chancellerie, la maison du palatin. La ville a trois églises paroissiales, deux couvens, l'un de religieuses; des halles, un magasin à poudre, un de vivres et 700 maisons ; l'archimandrite ou abbé du couvent est le chef du clergé de la province. Jeniseik est florissante : son commerce consiste en échanges ; le blé, la volaille, la viande y sont communs ; mais les fruits y sont rares. Ses habitans sont rusés, menteurs, fainéans, ivrognes, accablés de maux vénériens.

Entre le Jenisei et l'Oby habitent les *Jurakiens*, branche nombreuse de Samojédes : ils vivent sans chefs, sans lois : quelques-uns même se sont dispensés de payer le tribut à la Russie.

Quelques ostrogs et slobodes dépendent de Jeniseik, ainsi que le territoire de *Mangaséa* qui s'étend jusqu'à la mer qui forme plusieurs golfes, dans l'un desquels le Jenisei a son embouchure. Le froid en éloigne les hommes, mais les renards blancs et bleus, les loups,

les ours blancs y sont plus grands qu'ailleurs,
leur poil est plus épais, plus fin, et leur
peau se vend plus cher. Cet avantage y attire les chasseurs ; le long du *Piasiga*, jusqu'au
Chantanga des Russes accourent par bandes,
et il est rare qu'un homme économe ne s'y
enrichisse pas.

Mangaséa ou *Turuchansk*, ville située
sous le soixante-sixième degré de latitude,
est la ville la plus septentrionale de la Sibérie,
sa longitude est de 107 degrés. Elle est au
nord d'un des bras du Jenisei, dans lequel
se jette la Turuchan. Elle n'a qu'une centaine
de maisons. Un fort de bois y est défendu par
quatre pièces de canon. La plupart des habitans sont Cosaques ; c'est par eux qu'on a
cru mieux soumettre les nations barbares de
ces contrées. Son commerce consiste en pelleteries. Des nuées d'oiseaux, des oies, des
canards, des poules d'eau, des bécasses y accourent en été. On trouve autour de Mangaséa
un grand nombre de *sémowies :* ce sont des
lieux où l'on reçoit les tributs. Quelquefois au
mois de juin la terre est couverte de neige,
la glace y est épaisse, il ne dégèle point durant le jour. Cinq jours après il n'y a plus
de neige, les hirondelles se font entendre,
l'herbe s'élève, et croît à vue d'œil.

H 2

Krasnojarsk sur les bords du Jenisei, bâtie en 1618. C'est une ostrog qui est devenue ville. La couleur rouge foncée de la rive septentrionale des eaux de la Katcha lui a donné son nom. L'ancienne ostrog renferme l'église, l'arsenal, la chancellerie. La ville même a une église et environ 350 maisons. Elle est environnée de palissades, de tourelles et de batteries. Ses environs sont célèbres par les antiquités qu'on y a découvert dans d'anciens tombeaux. Ce sont de petits meubles d'or, d'argent et de cuivre, des pots, des assiettes, des boucles de harnais, etc. On y trouve encore du cuivre. La richesse des habitans, presque tous soldats, consiste en chevaux, en bétail qui paît dans de vastes déserts. Ils commercent en pelleteries. Le terroir est très-fertile; on n'en laboure que la superficie, et pendant cinq ou six ans, sans recevoir d'engrais, il rend avec usure les grains qu'on lui a confiés. Près de cette ville, sur les bords du Jenisei, on voit trois vastes souterrains et un rocher, sur lequel sont peintes diverses figures.

Les Tartares qui habitent ces lieux ressemblent aux Européens par les traits du visage; maigres, agiles, gais, sociables, sincères, le vol est inconnu parmi eux. Ils sont agriculteurs. On n'a pu encore les convertir. Ils respectent les tombeaux, et quoiqu'ils n'ignorassent pas qu'ils renfermaient des richesses, aucun d'eux n'a voulu s'enrichir par ce moyen facile et court. Quand on leur parle de la religion chrétienne pour la leur persuader, ils montrent ces tombeaux : « ce sont ceux de nos ancêtres, disent-ils ; ils étaient heureux, ils étaient riches, et ne connaissaient point ce dont vous nous parlez. » Les femmes sont belles.

Abakanskoi est une ostrog bâti en 1707, au bord du Jenisei, comme *Sajanskoi*, près duquel est une forge de cuivre. *Kanskoi*, au bord du Kan, est encore une ostrog, connue par le commerce des hermines que l'adresse des Tartares rend considérable. Ces Tartares ont le nom de *Kotowzi*, et de *Kamatschirzi* : ceux qui sont chrétiens portent des chemises, les autres n'en ont point ; ils se lavent peu, sont mal-propres ; vivent d'oignons au lieu de pain : leur seule occupation est la chasse.

DESCRIPTION

Du Gouvernement d'Irkutzk, en Sibérie.

(Voir la carte, tome premier, deuxième partie, page 17.)

Ce gouvernement est très-vaste. Il ne dépend point de celui de Tobolsk. Ses revenus annuels, les dépenses prélevées, peuvent monter à 150 mille livres.

Irkutzk, siége du gouverneur et de l'évêque, est une des plus grandes villes de Sibérie. Située dans une belle plaine, sur le fleuve Angara, près de l'Irkut qui lui donne son nom, elle est peu éloignée du lac Baikal. Elle a près de mille maisons, cinq églises entourées de fortins : environnée de palissades, d'un fossé défendu par des chevaux de frise, elle a un fort muni de seize canons. Les habitans négocient, s'enivrent, recherchent l'oisiveté et les femmes de mauvaise vie qui leur laissent des gages douloureux de leur amour. Les environs de la ville sont montagneux, mais agréables : ils offrent d'excellens pâturages ; les bois sont remplis de gibier, d'élans, de chevreuils, de perdrix, de gélinotes, etc. ; le poisson, le blé, la viande y coûtent peu. L'été y est chaud et engendre une multitude de cousins, qui obligent les hommes de se couvrir le visage d'un voile de crin. Autour de la ville 150 alembics distillent de l'eau-devie, qu'on ne laisse pas vieillir dans les tonneaux. Près de-là est *Nikolskaia-Sartava*, où l'on perçoit le péage de toutes les marchandises qui viennent de la Chine. D'Irkurtzk dépendent des ostrogs, des sloboles et un couvent. Sa latitude est cinquante degrés dix-huit minutes, sa longitude 122 degrés, trente-huit minutes.

Le lac *Baikal*, *Swjatoja More* (mort sainte) a d'orient en occident, 120 lieues de long, sur quatre à sept de large; il est environné de hautes montagnes, semé d'îles : depuis septembre jusqu'en mai, il y règne de violens orages, qui impriment une sorte de terreur et de vénération à ceux qui navigent sur ses eaux : ils n'en parlent qu'avec le plus profond respect. Il gèle vers le mois de janvier, il dégèle au mois d'avril. Ce lac dégorge près de la rivière de Bargusin, un goudron qui sert à éclairer ceux qui habitent ses bords. Aux envions sont des fontaines souffrées. Ses eaux sont douces, transparentes, et paraissent au loin d'un vert de mer. On y pêche de bons brochets, des esturgeons, des chiens marins noirs. Dans le pays qui l'environne, on trouve des martres zibelines noires, et des chèvres à musc. Ce lac reçoit beaucoup de rivières. *L'angara* seule en sort par une ouverture qui semble coupée entre deux montagnes. De ces hauteurs on découvre le plus beau coup-d'oeil du monde.

Les *Burattes* ou *Brazki* sont une espèce de Kalmouques : leur langue est celle des Mongales ; leurs moeurs sont celles des *Tonguses.*

Ils sont grands, se rasent la tête ; mais leurs femmes portent la chevelure longue et la nouent en deux tresses. La chasse et leurs troupeaux font leurs occupations et leurs richesses. L'un d'eux a quelquefois mille moutons et un grand nombre de boeufs et de chevaux. Une cabane exagone construite de poutres posées l'une sur l'autre jusqu'à la hauteur d'une toise, et d autres poutres élevées sur celles là qui se rassemblent au sommet. L'entrée est à l'orient ; elle est ornée de deux bouleaux attachés ensemble par un pieu posé en travers, de rubans et de pelleteries précieuses. Le buratte, le soir et le matin, place deux doigts sur le front et s'incline avec respect devant ces arbres. Leurs prêtres, *Schamannes* ou *Bo*, portent un habillement effrayant : c'est une robe de cuir parsemée de férailles, de griffes d'aigles et de hiboux : leur bonnet pointu a le même ornement. Dans leurs cérémonies de religion ils embrochent des boucs, et les saluent respectueusement jusqu'à - ce qu'ils ayent expiré. Ils ont des amulettes qu'ils disent venir du grand lama, qu'ils portent au cou, ou placent dans un coin. Ils vénèrent le soleil, la lune, à genoux et dans un profond silence. Ils tuent leurs prêtres quand ils le veulent, afin qu'ils aillent dans l'autre

monde prier pour la nation. Les plus pauvres
se sont faits chrétiens. Quelques-uns cultivent
la terre, exercent des métiers, incrustent
l'or et l'argent dans le fer avec tant d'adresse
qu'on le croirait damasquiné. Les burattes pas-
teurs montent des chevaux, des boeufs, des
vaches indifféremment ; ne s'arrêtent guère
au même lieu que deux mois, mènent une vie
errante qui n'est point sans plaisirs. Ils ne sont
vêtus que de peaux de moutons attachées avec
une ceinture, surmontées d'un bonnet fouré,
orné d'une houppe de soie rouge.

Selenginsk, ville avec une ostrog sur les
bords de la Selinga. Elle est défendue par un
régiment d'infanterie et un fort où il y a cinq
canons. Elle est mal située dans un lieu aride
et semé de hauteurs. Elle a deux églises et
150 maisons.

Strelka, forteresse entre les rivières de Tschi-
koi et de Selinga. C'est un carré palissadé
qui renferme deux églises, des bâtimens pour
recevoir les caravanes, des casernes pour les
soldats. Ses dehors sont rians et fertiles : on
y voit de belles maisons.

Troitzkaia-Keport, forteresse au bord de la
Kjachta, composée d'une ostrog et de quatre
bastions. On y paye des droits.

Kjachta, sont deux slobodes sur les frontières

de l'empire Russe : l'une est Chinoise, l'autre Russe ; celle-ci est au nord. Elles sont dans des deserts, et l'on n'y vit que très-chèrement.

Udinsk, sur les bords de l'Uda, qui se jette dans la Selinga. La ville a 116 maisons, une ostrog et un fort. Elle est environnée de terres labourees, de prairies et de forêts ; un fleuve navigable y entretient l'abondance : le poisson, le jardinage y sont communs.

Kabanskaia est une ostrog sur la Kabana qui se jette dans la Selinga. L'agriculture en embellit le paysage, et y rend la vie douce et agréable.

Nertsching sur le fleuve Nertscha : c'est une ville frontière du côté de la Chine ; elle a un fort muni de trente-deux canons, quelques édifices publics et une trentaine de maisons mal bâties : les caravanes de la chine n'y passent plus, et ses habitans sont livrés aux vices de l'oisiveté, aux suites cruelles de la débauche ; ils dépérissent chaque jour.

Argunskoi, est une ostrog sur le bord occidental du fleuve Argun. Elle est frontière des Mungales, et commerce avec eux. Ces contrées sont fertiles et saines, quoique le froid y soit très-vif, et les tremblemens de terre fréquens. Le mal caduc, une maladie particulière qu'on appelle *wollossez*, le mal vénérien affligent ses habitans et dépeuplent ces climats. Il y a une mine d'argent dans les environs d'Arguns. Elle n'est pas profonde, et donne souvent de gros morceaux. Une livre d'argent fin y renferme la valeur de deux ducats, et de l'or de belle couleur et ductile. En 1740 et 1741 la couronne reçut de cette mine 852 livres d'argent dans lesquelles on trouva vingt-sept livres d'or fin. A trois lieues au sud de la mine, est une montagne d'un beau jaspe verd, mais si mélangé d'autres pierres, qu'on en trouve rarement une pièce de trois livres qui soit pure et sans crevasse. Dans les déserts voisins on voit des lacs salés dont l'un a près d'une lieue de tour, et dont la superficie est couverte d'une pellicule qui sert de sel dans les cuisines. Il croît dans ce pays malgré l'âcreté du froid qui y règne, un blé sarrasin moins gros que le nôtre et qui n'est presque pas anguleux. Sa latitude est cinquante degrés, cinquante-trois minutes. Sa longitude trente-six degrés, quarante-deux minutes.

C'est dans ces contrées qu'habitent les *Tunguses*, nation nombreuse et dispersée, divisée en quatre nations. Les Konnie-Tunguses, établis près de Nertschinsk, sont un peuple pasteur, qui vit de son bétail, se sert de chevaux, s'habille comme les Mungales. Ils font du pain avec des oignons de lis jaune. Ils sont robustes et vaill ins. Les *Olenniens* se servent de rennes ; ils paissent leurs troupeaux, ils chassent et pêchent ; leurs habits sont de peaux de rennes, leurs bonnets de peaux de renards. Quand ils jurent, ils attestent *Olimni* ; c'est le nom de leur Dieu suprême. Ils ajoutent à ce serment des cérémonies, telles que de tuer et brûler un chien, d'en boire du sang et de souhaiter le sort du chien s'ils mentent. Ils ont de petites idoles qu'ils fabriquent, qu'ils adorent, si leur chasse ou leur pêche est heureuse ; qu'ils jettent à terre, méprisent, noient même s'ils sont malheureux. Ils habitent les bords de la Lena, de la Nischraja, et de la Tunguska. Les *Sabatschiens* se nourrissent des chiens qu'ils attachent à leurs traîneaux quand ils voyagent. L'hiver, ils sont couverts de peaux de rennes. Ils sont errans dans la province de Jakat. Les Pookameniens habitent entre le Jenisei et la Lena. Ils sont pauvres et ressemblent à leurs voisins les Ostiaques. Tous ces Tunguses sont moins grands que les Calmouks, moins basanés, le nez moins écrasé, les yeux plus grands. Avec du fil commun enduit de suie ou de craie noire, délayée avec de la salive, ils percent la peau du visage de leurs enfans, font passer le fil au travers, la cousent point à point. Si le visage enfle, ils l'enduisent de graisse. C'est ainsi qu'autrefois les vainqueurs attestaient leur triomphe, et se faisaient honorer. Aujourd'hui cette broderie n'est qu'une beauté. De petites cabanes portatives sont leurs maisons : ils ont deux ou trois femmes qui toutes portent des culottes : ils sont gais, vifs, amis de la justice, avides de gloire. La Russie les protège, en exige un tribut ; mais n'a pu encore en faire des chrétiens.

Ilimsk, sur les bords de l'Ilim entre deux hautes montagnes. Une ostrog et quatre-vingt maisons la composent. C'est dans ses environs qu'on trouve les plus belles zibelines noires. On voit dans les environs des Tartares baptisés, et qui s'excusent de l'avoir été par la violence qu'on employait pour faire recevoir ce signe du chrétien.

Kirenskoi, bâtie en 1655, est une ostrog aujourd'hui délabrée : cependant ses environs sont très-fertiles et rians : elle est sous le cinquante-septième degré quarante-sept minutes, et les plantes y sont d'une grosseur extraordinaire. Les sterlèdes, les esturgeons y sont les plus recherchés de ceux qu'on pêche en Sibérie. Les hommes, les vaches, les boeufs y ont de gros goîtres ainsi qu'à *Spoloschens-*

kava, slobóde située au milieu de champs très-fertiles.

Jakutzk sur la Lena, qui, dans cet endroit a près de trois lieues de largeur. Elle a quelque commerce, fournit le Kamtchatka. de marchandises russes et chinoises. Le poisson y est abondant et délicat. Les habitans sont chasseurs et pourraient être laboureurs avec fruit. Un fort de bois, 600 maisons sans élégance et sans commodités, c'est ce que présente Jakutzk : l'hiver y est long et la terre toujours gelée à plus de trois pieds de profondeur. Un homme enveloppé de fourrures, la tête cachée sous un capot, eut les mains, les pieds, et le nez gelés pour avoir fait quelques pas dehors de sa maison. Sa latitude est soixante-deux degrés, et la longitude 143 degrés, quarante-deux minutes.

Olecminskoi est une ostrog aux bords de la Lena, sur l'Olecma. C'est une des plus anciennes de la contrée, mais elle n'a dans son territoire que quarante-six paysans. Le seigle, l'orge, l'avoine, le chanvre y viennent très-bien ; cependant on néglige cette ressource.

Witimskaia, slobode ancienne. Quelques maisons, une église, un bureau de péage la composent. La récolte s'y fait au commence-

ment d'août : elle est sous le cinquante-neu-
vième degré vingt-huit minutes de latitude.

Ochotzk, est une ostrog : son territoire est
étendu, mais ne produit rien : son port sur
la mer de Kamtchatka est bon. Les habitans
tirent leurs vivres d'Iakutzk ; ils viennent par
terre avec difficulté et par eau avec lenteur
et danger. La peninsule du Kamtschatka dépend du commandant d'Ochotzk. Découverte
vers l'an 1696, en 1697 le commandant d'A-
nadin prit possession de ce pays en y plantant
une croix ; signe qui, sans doute, donne le
droit de propriété à peu de frais.

Le Kamtschatka est habité par trois nations
distinctes, les *Koriakes* au nord, les *Kamtschadales* au midi, et les *Kouriles* dans les îles.
On les croit descendus des Mungales, et ce
sentiment est bien plus vraisemblable que
celui dont parle Busching ; qu'ils sont une colonie du Japon. Ces différentes nations ne
parlent point la même langue : elles n'ont pas
les mêmes moeurs. Chaque habitant de cette
presqu'île s'appelle *Kootchaï* ou *Kontchal*.
C'est de-là que vient le nom de Kamtschatka.
Ces peuples sont vêtus de peaux de rennes,
de chiens, de veaux marins, et même d'oiseaux. Le poisson est leur pain ; ils le préparent de différentes manières, qui s'appellent

également du *caviar*. Le poisson pourri dans des fossés est leur mets le plus délicieux. Ils voyagent dans des traîneaux tirés par des chiens. Ils vivaient sans lois ; chacun se faisait justice à soi-même avant que les Russes y fussent parvenus ; sans ambition, l'oisiveté est leur bonheur : l'ennui, les embarras sont le malheur de leur vie ; ils se tuent pour leur échapper. Ils font quelquefois la guerre ; mais seulement pour faire des prisonniers, et pour prendre des femmes, ou pour venger les injures que les enfans d'une habitation ont faites à ceux d'une autre. Leurs guerres se terminent par la ruse : elles sont cruelles ; ils se défendent avec courage ; s'ils ne peuvent vaincre, ils tuent leurs femmes, leurs enfans, et se jettent sur l'ennemi pour ne pas mourir sans vengeance : ils appellent cette action, *se faire un lit*.

Leurs armes sont l'arc, les flèches armées d'os ou de pierres, la lance, la piqué ; leurs cottes d'armes sont faites de nattes, ou de cuir de veau marin. Ils croient à des dieux qui furent leurs ancêtres. Le premier de tous est *Koutkout*. Ils ne disent pas qu'il ait créé l'univers, mais la terre ; ils prétendent que ses pas ont formé les vallées et les montagnes : ils ne le respectent pas, ils le raillent, ils le maudissent lorsqu'ils montent ou descendent

péniblement

péniblement des montagnes, lorsqu'ils heurtent contre des écueils, qu'ils sont entraînés par un torrent rapide, pour avoir fait de tels ouvrages. Ils ont une espèce de dieu inconnu qu'ils vénèrent. Les volcans, les fontaines bouillantes, les bois épais sont habités selon eux par des démons. Ils célèbrent des fêtes avec les cérémonies les plus ridicules : ils croient aux enchantemens, sont les jouets de leurs songes, et de la plus absurde superstition. Les uns brûlent les morts ou les enterrent : les autres les donnent à manger aux chiens, afin qu'ils ayent de bons chiens dans l'autre monde. Tout ce qui appartenait au mort, ne doit plus toucher l'homme vivant : c'est une chose impure. Ces peuples habitent au bord des rivières. Le pays a de belles prairies, peu ou point de champs, de hautes montagnes; il a des volcans, des mines, des sources d'eaux bouillantes; une rivière s'en forme : sa source est dans une montagne d'où sort, de divers endroits, une vapeur chaude, avec autant de force que d'une eolipyle. On y entend le bouillonnement des eaux qu'on ne voit point.

Les plus civilisés des peuples qui habitent le Kamtschatka sont les Kouriles. Les îles dans lesquelles ils vivent sont au midi de la presqu'île.

Il y aurait quelque vraisemblance à dire que les Kouriles sont une colonie du Japon. Les Koriaques sont plus sauvages et plus stupides que les Kamtschadales.

En parcourant les mers qui séparent l'Asie de l'Amérique, les Russes ont découvert un grand nombre d'îles : quelques-unes sont désertes, plusieurs sont habitées. Parmi elles est un nouvel archipel. Les habitans de quelques-unes des îles qu'il renferme, demeurent sous des chaumières couvertes d'un gazon qui reverdit au printems, et où ils n'allument point de feu pour se garantir des rigueurs de l'hiver : presque insensibles au froid, ils marchent dans toutes les saisons, sans bas, sans culottes, sans bonnets ; des peaux d'oiseaux marins, de canards noirs, cousues avec des fils de boyaux de poissons, leur enveloppent le corps. Ce sont leurs seuls habits, et ceux des femmes, des enfans sont les mêmes. On y a vu cependant quelques femmes couvertes de vestes ou d'habits faits avec la peau des castors. Ils pêchent avec des lacets de boyaux de baleines. Leurs lits sont creusés dans la terre sous leurs chaumières ; ces creux sont remplis d'herbes, et lorsqu'ils y reposent, ils se couvrent de leurs habillemens. On ignore le détail de leurs moeurs et même s'ils ont une religion et un culte. On ne les a pas encore observés : on n'a fait que les voir.

Au delà de cet Archipel, on a découvert une île qu'on croit être d'une vaste étendue. On lui donne le nom de *Kadejak*, et le peuple qui l'habite se donne le nom de *Kanagistes*. A la vue des vaisseaux russes, il couvrit les rivages voisins ; on présume que ce peuple est nombreux et qu'il serait puissant s'il était policé : mais il paraît brute, sauvage, sans chefs, sans subordination, sans égard pour ses semblables. Ils connaissent le Kamtschatka, et détestent tous ceux qui paraissent en venir. Ce sont des hommes dangereux pour les étrangers ; le pillage et la mort suivraient leur descente s'ils étaient sans défiance. Ces sauvages ont pour armes des flèches, des arcs, des lances, des couteaux faits d'os de rennes, et des haches d'une pierre fort dure. Ils ont la lèvre inférieure percée, chargée d'os fins d'animaux terrestres ou de poissons. Ils se peignent le visage en rouge, en bleu, en toutes couleurs. Peut-être paraîtront-ils moins féroces quand on les connaîtra mieux. On les a trop peu vus pour les avoir bien vus.

Fin de la Sibérie.

DESCRIPTION

GÉOGRAPHIQUE ET HISTORIQUE

Du Gouvernement d'Archangel, d'une partie de la Laponie et de la Samojédie, des Moeurs, Usages des Habitans, etc.

ARCHANGEL.

LE gouvernement d'Archangel comprend une partie de la Laponie et de la Samojédie.

On donne le nom de *Samojédie* à cette pointe de terre, qui s'étend depuis le cercle arctique jusqu'à la mer. Il s'étend à-peu-près depuis le territoire de Mezen, aux environs d'Archangel, jusqu'au fleuve Jenissea ou Jenisei. On appelle *Samojédes* les habitans de cette contrée, mot qui signifiait en langue russe *Mangeurs d'hommes*; dénomination qu'on leur donna, parce qu'on les vit manger de la chair crue, qui était celle de leurs rennes, aliment pour lequel ils ont un goût décidé. Ils dépendent, depuis l'an 1525, du gouvernement russe, à qui ils paient un tribut annuel en pelleterie.

Ce pays est aride; il n'y croît que du ge-

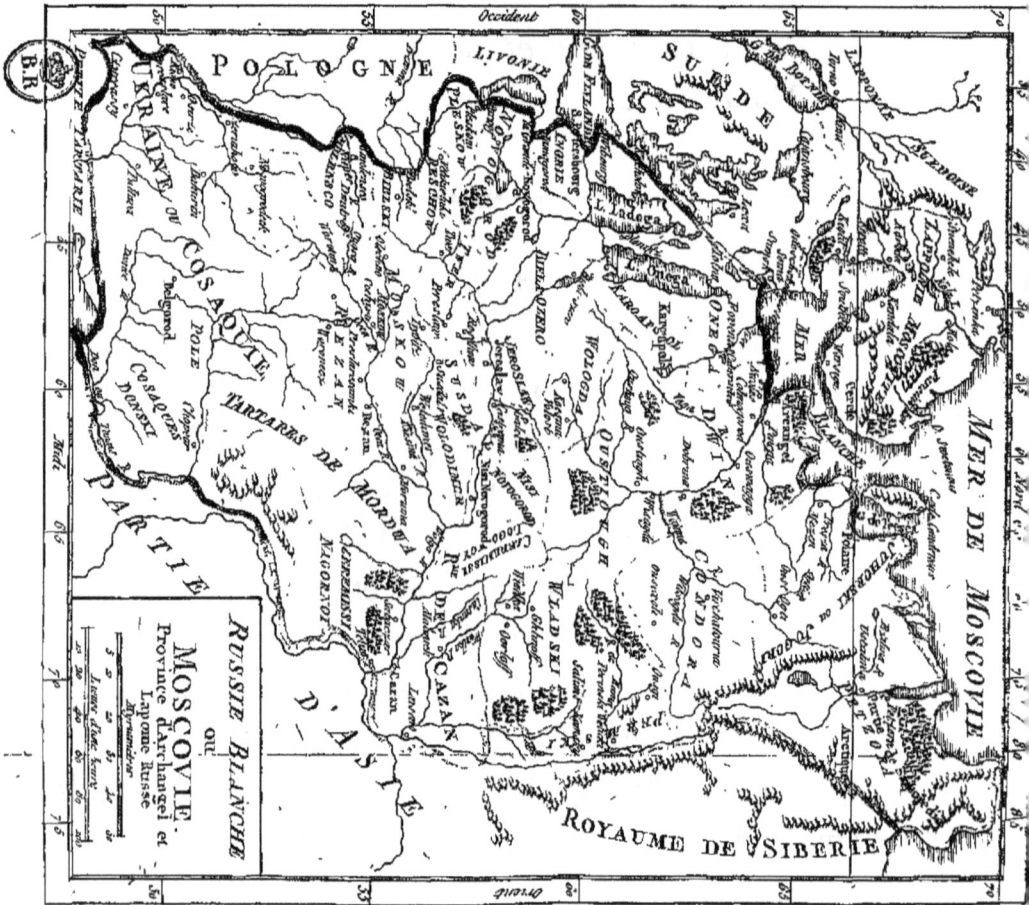

nièvre, de la mousse ; on y trouve quelques
orêts, dont le bois leur sert à faire des rames,
les flèches et des siéges. Les femmes s'occupent également à ce travail. En général leur
aille est petite, sur-tout celle des femmes, qui
ont en outre de très-petits pieds. Leur teint
est jaune ; ils ont le corps dur et nerveux,
d'une structure large et carrée ; le col très-
court, la tête grosse, le visage aplati et large ;
eur nez est tellement écrasé, qu'il est de
niveau avec la mâchoire supérieure, qui est
très-élevée ; la bouche large, les yeux brillans ;
peu ou point de barbe, n'ayant de poil qu'à
a tête, et ne souffrant pas qu'il en croisse
autre part. Ils y attachent une si grande im-
perfection, qu'ils renvoient leurs femmes dès
qu'ils aperçoivent quelques traces de cette
végétation. La physionomie des femmes ressemble à celle des hommes, excepté qu'on y
remarque un peu plus de délicatesse, et qu'elles
ont le corps plus mince. Ils ont en outre la
vue très-perçante, l'ouie fine, et la main
sûre. Ils manient surtout l'arc avec beaucoup
de dextérité. Ils sont en outre d'une légéreté
extraordinaire à la course.

Les hommes et les femmes ont une robe de
peaux de rennes cousues ensemble, dont le
poil est en dehors, qui leur pend depuis le

I 3

col jusqu'aux genoux. Les femmes y ajoutent des bandes de draps rouges et bleues, dont elles bordent les peaux. Elles ont un bonnet fourré, blanc en dedans et noir en dehors. Il en est qui portent les cheveux épars comme les hommes, d'autres les tressent en plusieurs parties, et attachent à l'extrémité des petites pièces de cuivre rondes, avec des bandelettes de drap rouge. Les hommes ont des espèces de camisoles et des culottes de peau, avec des bottines presque toutes blanches; celles des femmes ne diffèrent que par des bandelettes noires qu'elles y attachent. Les femmes ont les mammelles plates, petites, molles, et le bout en est toujours noir comme du charbon. Ce défaut est naturel; car on le retrouve dans les jeunes vierges.

Les hommes épousent autant de femmes qu'ils en veulent; cependant ils n'en nourrissent jamais plus de cinq. Quand ils en rencontrent qui leur plaisent, ils les marchandent avec les parens, conviennent d'un prix en rennes ou en florins; et quand ils n'en veulent plus ils les rendent aux parens; mais ils ne s'allient jamais avec des femmes qui descendent de leurs ancêtres, quelque reculé qu'en soit le degré. Ils épousent ordinairement les filles à l'âge de dix ans : elles sont mères à onze ou douze ans. Cette fertilité précoce hâte aussi le moment de la stérilité ; car à trente ans elles cessent d'être mères. On remarque que les femmes accouchent sans douleur. Si un de leur enfantement s'opère au milieu des efforts convulsifs de la nature en travail , ils prétendent que l'enfant qu'elles portent est le fruit de l'adultère. Ils les battent ordinairement et les maltraitent, et si elles confessent leurs fautes , ils les renvoient à leurs parens , qui remboursent ce qu'ils ont reçu , quelque considérable que soit le prix ; car il y a des femmes qui coûtent jusqu'à cent cinquante rennes. Les femmes en général ont tant de pudeur , qu'elles répugnent à découvrir la moindre de leur nudité , ce qui les fait abstenir de prendre des bains , d'où elles contractent une malpropreté dégoûtante.

Douze cents familles Samojédes peuplent ces contrées. Ils se construisent des habitations avec des morceaux d'écorces d'arbres cousus ensemble , couverts de peaux de rennes , et fixés sur des bâtons dressés en forme pyramidale. Au haut de cette hutte , ils ménagent une ouverture pour la sortie de la fumée. Ces légères tentes se plient facilement , et sont portées par les rennes dans le nouveau local que la famille s'est choisi ; ce qu'ils effectuent

I 4

toutes les fois que le besoin le commande ,
sans cependant nuire à leurs compatriotes.
Cette raison , jointe aux intérêts de la chasse ,
fait qu'on voit rarement plus de trois huttes
ensemble. D'ailleurs , ils ne forment presque
point de société entr'eux : toujours errans ,
indépendans les uns des autres , ils chérissent encore l'oisiveté , à laquelle ils se
livrent avec volupté. Les besoins de la vie
seuls les tirent de leur indolence. C'est pour
suffire à leurs besoins qu'ils attrapent le plus
de rennes qu'ils peuvent. Cet animal plus
robuste que le cerf , et d'une agilité surprenante , tombe souvent dans les piéges qu'ils
lui tendent , ou tombe percé de flèches. Il ne
leur cause aucune inquiétude pour sa nourriture dès qu'il est apprivoisé : il se nourrit
d'une mousse blanche qui végète sous la
neige.

Par suite de leur éloignement pour la fatigue, les Samojédes campent l'été près des
rivières les plus poissonneuses ; ainsi la seule
occupation des hommes consiste à pourvoir
leur famille de la nourriture. Les femmes
entretiennent le feu , ont soin des enfans ,
cousent avec un fil fait de nerfs d'animaux ,
et préparent les alimens. Ils mangent tous les
animaux qu'ils trouvent à la chasse : ils se

nourrissent même des cadavres de bœufs, moutons et chevaux, que les voyageurs abandonnent sur les grandes routes : ils en font bouillir les intestins, qu'ils mangent sans pain, sans sel et sans les écumer.

La plus grande égalité règne parmi ces peuples : ils ont simplement quelques déférences pour les vieillards, dont ils se contentent de prendre les conseils : souvent même ils noyent leurs père et mère lorsqu'ils sont parvenus à un âge avancé, et qu'ils les regardent comme n'étant plus propres à rien. S'ils viennent à mourir de leur mort naturelle, ils en conservent précieusement les os sans les enterrer. Quand aux enfans qui meurent à la mammelle, ils les enveloppent dans un linge et les pendent à un arbre ; ils enterrent les autres. Leur croyance à la métempsycose est un des principaux points de leur religion. Ils mettent dans le tombeau de celui qu'ils enterrent les habits, ses armes et tout ce qui lui appartient, crainte qu'il n'en ait besoin dans l'autre monde. D'ailleurs, ils ont pour principe, de ne rien garder à autrui ; ils n'ont pas même l'idée du vol. Leurs mœurs sont si simples et si douces, qu'ils n'ont point d'expressions pour peindre le mensonge. Ils ne connaissent ni juges, ni procès. La nourriture, l'usage des femmes et le repos , voilà où tendent leurs vues. Sans autres desirs, on en a vu s'ennuyer au milieu des plaisirs de la Russie, et soupirer après leur retour dans leurs tristes déserts. Si le czar, disaient-ils, connaissait tout le charme de leur climat, il voudrait y habiter.

Leur religion est aussi simple que leurs moeurs. Ils admettent un Être suprême, infiniment bon, qui ne se mêle nullement des affaires terrestres : ils le nomment *Heyha*, c'est-à-dire, *Divinité*. Ils pensent qu'il est inutile de lui adresser des prières ; ils subordonnent à ce premier Être un Dieu aussi puissant, mais enclin à faire du mal. Ils ne lui rendent aucun culte, quoiqu'ils le craignent beaucoup. Le soleil et la lune sont aussi regardés chez eux comme des divinités subalternes, par l'entremise desquelles ils prétendent que Dieu leur fait part de ses faveurs. Ils ont parmi eux certains prêtres ou magiciens, nommés vulgairement *Koedisuick :* ils ne les considèrent qu'à raison des liaisons qu'ils leur supposent avec cet esprit malin, encore sont-ils singulièrement insensibles aux maux qui leur arrivent. Enfin leur insouciance sur tout ce qui est étranger à leurs besoins, s'attache encore aux idoles ou fétiches qu'ils ont. S'ils les conservent, ce n'est que par l'attachement pour les traditions de leurs ancêtres.

Quelques historiens prétendent qu'ils croient à l'immortalité de l'ame sans transmigration. Quelques principes de la religion luthérienne qu'on a cherché à leur imposer, se sont grossièrement mélangés à leurs premières superstitions. Ils connaissent Adam comme le père commun de tous les hommes ; admettent un paradis, qu'ils placent au-dessus de l'enfer, où jouiront, après leur mort, de la plus grande félicité, ceux qui auront fait le bien. Le même historien nous donne un détail assez curieux sur leur méthode de consulter leur prêtre. Comme ils croient qu'il peut leur prédire le bien et le mal qui peut leur arriver, ils l'envoient chercher lorsqu'ils veulent être instruits sur quelques entreprises, ils lui passent une corde autour du col, et la serrent si fortement, qu'il tombe comme mort. Revenu à lui, il fait sa prédiction avec des symptômes vraiment effrayans ; car on dit que le sang lui sort des joues lorsqu'il parle, et qu'il s'arrête lorsqu'il a fini sa narration.

Il ne nous reste plus qu'à parler de leur penchant excessif pour la magie. Ils envoient leurs enfans à cette école, tenue par leurs prêtres ; et se croyant très-habiles dans cet art, ils vantent singulièrement la vertu de leurs enchantemens, et se regardent comme distributeurs de toute espèce de maléfices, soit en envoyant des maladies aux hommes, ou en arrêtant les vaisseaux dans leur course. Ils vendent aussi des vents aux navigateurs, en leur donnant une corde à laquelle ils font trois noeuds. En dénouant le premier, ils ouvrent un vent médiocre; s'ils délient le second, le vent sera violent, sans être dangereux; mais s'ils touchent au troisième, ils s'exposeront à une tempête qui les fera périr.

Tels sont les moeurs de ces peuples, qui sont partagés en plusieurs tribus de différens noms, mais dont le caractère et les coutumes n'ont aucune différence. Il n'existe qu'une seule commune un peu considérable, appelée *Pustoser*, qui n'est qu'un village, et la demeure du receveur de l'impôt, que chaque Samojéde, en état de porter l'arc, doit payer à la Russie.

La Laponie.

(Voir la carte, page 132.)

LES Lapons sont les plus petits hommes du Nord, n'ayant que trois coudées de haut; on en voit même de plus petits. Ils sont la plupart laids et courbés. Ils sont superstitieux et

es ; ils ont la tête grosse , le front grand
.rge , les yeux bleus , enfoncés et chas-
ɛ , le nez court et plat , le visage large , les
s abattues , le menton long , les cheveux
s, durs et droits , ainsi que la barbe. Ils
fort colères et brutaux ; on a de la peine à
ppaiser quand on les irrite. Les femmes ,
ut , s'emportent jusqu'à l'excès. Elles
beaucoup moins laides ; elles ont les che-
noirs , et sur le visage un certain rouge
rel , mêlé de blanc , qui n'est pas désa-
ble.

pays est si voisin du pôle , que le soleil
'y fait point voir pendant trois mois
ver , si ce n'est par quelques faibles cré-
ules. Cette contrée se présente d'abord
l'aspect le plus hideux ; un climat rude ,
hiver établit son empire pendant près
lix mois. Le froid y est alors si violent ,
n'y a que les naturels du pays qui
sent le supporter. Les fleuves les plus
les se trouvent gelés, et la glace est épaisse,
e , de deux et quelquefois de trois coudées.
eige y tombe en si grande quantité , que
id on en est surpris, on ne peut s'en ga-
ir qu'en se couchant à l'endroit où l'on se
ve , en se couvrant de quelques manteaux ;
id le mauvais tems est passé , on sort de

dessous la neige , et l'on se sauve à la première habitation.

La chaleur y est excessive.pendant deux mois que dure leur été. Dès qu'il se fait sentir, la terre couverte quelques jours auparavant de frimats et de neiges, l'est de plantes et de fleurs diverses. Les longs jours leur font oublier les longues nuits. Un ciel pur , les étoiles, le crépuscule, les aurores boréales, la lune sur l'horison pendant la moitié de son cours , rendent ces nuits peu différentes du jour.

La Laponie est pleine de montagnes et de rochers. Celles qu'on nomme *Dofrims ,* font la séparation de la Norwége d'avec la Suède. Leur hauteur est effroyable , et les vents qui règnent sur leurs sommets , empêchent les arbres d'y prendre racines.

Les Lapons qui sont demeurés idolâtres, ont un dieu qu'ils appellent *Thor ,* qui signifie *tonnerre.* La figure de ce dieu est de bois de bouleau , faite d'une forme grossière. Ils lui mettent à la main un marteau, lui fichent dans la tête un clou d'acier ou de fer , auxquels ils attachent un petit morceau de caillou , afin qu'il puisse faire du feu quand il lui plaira. Ils lui immolent tous les ans un renne mâle , et lui frottent la tête et le dos du sang de la victime. Ils l'adorent , comme ayant pouvoir de vie et de mort sur les hommes, et lui attribuent celui de pouvoir châtier les démons ; ils lui donnent pour cela un arc, afin qu'il puisse tirer des flèches contre eux.

Leur second dieu est appelé *Storjunkare.* Chaque famille a le sien ; ils sont persuadés qu'il est le dispensateur des biens qui arrivent à l'homme, et que tous les animaux sont sous son empire. Ils lui sacrifient également un renne mâle : ils ont en outre des demi-dieux : des pierres graissées par leurs offrandes excitent leur vénération : ils s'approchent en rampant pour leur en faire de nouvelles. Ils craignent leurs devins, croient à leurs prophéties, lors même qu'elles ne s'accomplissent pas : ils ont un tambour magique qui leur sert d'oracle.

Ce tambour, qu'ils consultent lorsqu'il faut aller à la chasse et changer de demeure, est d'un bois de pin, de sapin ou de bouleau, fait en ovale et courbé, long d'un pied et large de dix pouces, sur lequel il y a six trous, avec une poignée pour le tenir de la main gauche, tandis qu'on frappe dessus de la droite avec un instrument de la grosseur du petit doigt et long de six pouces. La membrane qui est par-dessus est chargée de diverses figures très-mal faites, peintes çà et là avec du sang. Les Lapons croient que ce tambour est une chose sacrée, ils ne permettent à aucune fille d'en approcher ; quand on frappe ce tambour tous les assistans sont à genoux.

Les Lapons portent en été des haut de-chausses fort étroits, qui leur serrent le corps de tous côtés, et qui leur tombent jusqu'aux pieds, le long des cuisses. Ils mettent par dessus une robe avec des manches. Cette robe, qui est fort large, leur descend jusqu'à la moitié des cuisses, et ils ont un ceinturon par dessus. Ils se font des bonnets avec la peau d'un oiseau nommé *Loom*, sans en ôter ni les plumes, ni les ailes, ni la tête. Leurs souliers sont de peaux de rennes. L'hiver ils s'habillent de rennes, laissant le poil en dehors, de manière qu'ils ressemblent à des bêtes couvertes de poil depuis la tête jusqu'aux pieds.

Les femmes portent en été des robes qui leur couvrent le sein, les bras, et tout le corps, ayant quelques plis par-devant qui vont jusqu'en bas. Les plus riches se parent autour des reins d'une ceinture, large souvent de trois doigts, où il y a des figures gravées de fleurs et de petits oiseaux. Elles se couvrent les cuisses avec des chausses qui vont jusqu'aux pieds.

Quand un Lapon veut se marier, il cherche une fille riche, qui ait grand nombre de rennes,

car

car les Lapons en donnent en propre à leurs
enfans dès qu'ils sont nés. Le prétendant va
voir les parens de la fille, avec quelques uns
de ses amis, chargés de traiter l'affaire. L'un
de ces médiateurs porte avec lui quelques bouteilles du meilleur esprit de vin qu'il peut ren-
contrer ; et quand ils sont arrivés à la cabane,
on les convie tous d'entrer, à l'exception de
l'amant qui doit demeurer dehors jusqu'à ce
qu'ils ayent bu le vin de la bien-venue, et que
la proposition ait été faite. On l'invite alors
d'entrer, et on lui donne à manger, sans qu'il
voye la fille, qu'on renvoie pendant ce tems.
S'il peut obtenir la permission de lui parler,
il sort de la cabane après le repas, et va prendre
dans son traîneau les habits dont il se pare aux
plus grandes fêtes. Il vient saluer sa maîtresse,
ce qui se fait par un baiser, en s'appliquant
fortement le nez l'un contre l'autre. Cela fait,
l'amant lui présente une langue de renne et
d'autres viandes, qu'elle refuse d'abord en
présence de ses parens, mais elle fait signe à
l'amant de sortir de la cabane ; elle va aussitôt
le joindre, et reçoit en particulier les présens
qu'il lui a apportés. L'amant la prie ensuite
de le laisser dormir auprès d'elle dans la
cabane ; si elle ne le veut pas, elle jette les
présens par terre pour marque de son refus ;

si elle y consent, l'affaire passe pour conclue entre eux.

L'approbation des parens est cependant nécessaire ; elle est quelquefois retardée pendant deux ou trois ans, à cause des présens que l'amant leur fait pendant tous ces délais.

Lorsqu'un Lapon aperçoit sa femme grosse, il considère la lune ; s'il découvre une étoile au-dessus, il conclud qu'elle aura un enfant mâle, et croit le contraire lorsque l'étoile est au-dessous. On lave l'enfant nouvellement né dans de l'eau froide, ou dans de la neige jusqu'à ce qu'ils voyent qu'il ait de la peine à respirer ; alors ils le mettent dans l'eau chaude, et l'enveloppent ensuite d'une peau de lièvre. Si c'est un garçon on attache à son berceau un petit arc, de petites flèches et une petite hallebarde. Si c'est une fille, les mères y pendent les ailes, les pieds et la tête d'un oiseau très-blanc, pour leur apprendre qu'elles doivent être pures, et propres à remplir leur devoir.

Les pères instruisent les garçons à tirer de l'arc, et ne leur donnent point à manger qu'ils n'ayent pu toucher le but ; les mères apprennent aux filles à coudre tout ce qui a rapport aux vêtemens, ainsi qu'aux harnais des rennes.

Les Lapons se persuadent que la magie est

cessaire pour éviter les embuches de leurs
nemis ; ils ont des maîtres qui leur donnent
bliquement des leçons de cet art prétendu,
xquels les pères envoient leurs enfans, à qui
font passer en héritage les esprits malins qui
nt à leur service, afin qu'ils puissent sur-
onter les démons des familles qui sont en-
mies de la leur ; chaque Lapon a ses dé-
ons familiers, un pour le défendre contre
s entreprises du démon de son ennemi ; un
tre pour faire le mal qui lui vient dans la
nsée, et un troisième pour ne point trouver
sistance à ce qu'il veut faire.

Quand ils ont envie d'apprendre ce qui se
sse dans un pays étranger, un d'entr'eux
t le tambour, mettant dessus, à l'endroit
l'image du soleil est dessinée, quantité d'an-
aux de laiton attachés ensemble avec une
aîne de même métal ; il frappe de telle sorte
r ce tambour magique avec un marteau four-
u fait d'un os, que ces anneaux se remuent.
chante en même tems une chanson que les
pons nomment *Ionke* ; et tous les assistans
antent chacun la leur : le Lapon ayant frappé
elque tems sur ce tambour, le met sur sa
e et tombe aussitôt par terre, comme un
mme sans vie ; les hommes et les femmes
ntinuent de chanter pendant qu'il est dans

cet état ; s'ils cessaient de chanter, ils son
persuadés qu'il mourrait ; de même que si o
le réveillait ; aussi prennent-ils bien garde d
le toucher, chassant d'auprès de lui les mou
ches qui pourraient troubler son sommeil ; l
Lapon s'étant réveillé, commence à répon
dre aux questions qu'on lui fait, et rapport
ce qu'il a appris par le moyen du tambour
pour ne pas laisser douter de la vérité, il ap
porte du pays dont il s'agit la marque qu'o
lui avait demandée, comme un couteau, u
anneau, un soulier, etc. Ils se servent aussi d
tambour pour savoir la cause d'une maladie
et pour faire perdre ou la vie ou la santé
leurs ennemis.

Ils font usage aussi d'une petite boule qu'i
appellent *tyre*, de la grosseur d'une noix o
d'une petite pomme, faite du plus tendre du
vet d'un animal, collé et lié ensemble. Il
vendent la tyre, qu'ils assurent avoir du mou
vement et être animée par un artifice parti
culier, en sorte que celui qui l'a achetée peu
l'envoyer sur qui il lui plaît. Ils disent qu'ell
a la rapidité d'une flèche ; que si un homm
une femme ou un animal la rencontre
en son chemin, elle leur communique le so
tilége qui lui est propre.

Les Lapons sont sujets à peu de maladie

n en excepte le mal d'yeux , qui est très-
nun parmi eux , à cause de la fumée dont
cabane est toujours remplie , et de l'ar-
du feu devant lequel le froid les oblige
tenir continuellement. Ils deviennent
quefois pulmoniques , et sont affligés de
résie et de douleur aux épaules, à l'esto-
, à l'épine du dos , et de vertiges. Pour
aux internes , ils se servent d'un breu-
fait de la racine d'une mousse. Quand
ssentent des douleurs en quelque partie
orps , ils prennent une espèce de cham-
ons qui viennent aux arbres de bouleau ,
orès y avoir mis le feu , ils l'appliquent
ardent sur la partie affligée , afin que
ère qui s'y forme attire toutes les mauvaises
eurs. Lorsqu'ils ont quelques membres
s , ils prennent du fromage de renne , le
ent dans un morceau de fer chaud , et se
ent la partie affligée avec l'espèce d'huile
en découle. Ce remède les soulage assez
nptement.

es peuples vivent jusqu'à 80 ans sans que
s cheveux blanchissent et sans qu'ils
ent leur vigueur. S'ils tombent malades,
de vieillesse, soit par accident, ils tâchent
prendre , par le moyen du tambour , quel
être le succès de la maladie. S'ils croient

que le malade n'a pas long-tems à vivre, il
l'abandonnent, et ne s'occupent plus que du
festin des funérailles. Ils enterrent le mor
avec son traîneau, une hache, un morceau
d'acier, un caillou ; ils donnent pour raison
que le défunt se trouvant dans les ténèbres,
aura besoin de feu pour s'éclairer, et que s'il
trouve des broussailles en son chemin, il pourra
les couper. Quand à ceux qui ont embrassé le
christianisme, ils en suivent les usages.

Le festin des funérailles se fait trois jours
après l'enterrement ; on y mange la chair du
renne qui a été immolé au lieu de la sépul-
ture pour y suivre son maître ; ils en amassent
tous les os et les enterrent soigneusement.

Les animaux les plus remarquables qu'on
trouve dans cette contrée, sont les rennes, les
oies, les élans, les loups et les goulus. On y
trouve une grande quantité de castors, de renards, de martres et d'écureuils ; les écureuils
y sont roux et deviennent gris sitôt que l'hiver
s'approche, ainsi que les hermines, espèce de
belette blanche, qui a au bout de la queue
une petite pointe fort noire.

Lorsqu'il s'agit d'aller à la chasse d'un ours,
ils consultent encore leur tambour magique,
ensuite ils se transportent au repaire de l'ours
qu'ils attaquent avec beaucoup d'intrépidité.

Quand ils l'ont tué, ils le tirent de l'antre, le battent avec des verges et des baguettes et le portent sur un traîneau dans une cabane qu'on a construite exprès pour l'écorcher et le faire cuire. Ils sont obligés ensuite d'aller dans une autre cabane où leurs femmes les attendent au retour de cette chasse. Elles crachent sur le visage de leurs maris ; leur salive est teinte d'une couleur rouge que fait l'écorce d'aune qu'elles mâchent, afin qu'ils paraissent couverts de sang et avoir donné des marques de leur courage. Ils font ensuite un festin de tout ce qu'ils ont de plus exquis : le festin fini, les hommes qui se sont trouvés à la chasse, quittent leurs femmes, n'étant permis à aucun d'eux de coucher avec elles que trois jours après. Ils vont dans la cabane où est l'ours qu'ils écorchent, mettent en pièces et font cuire, et préparent ainsi un festin pour les hommes qui ont été à la chasse.

La chair étant cuite, on la partage en deux pour les hommes et pour les femmes, à qui ils prennent garde de ne donner aucune partie du derrière de l'animal : on leur envoie leur portion jusqu'à leur cabane, parce qu'il leur est expressement défendu d'approcher de celles des hommes lorsqu'on fait cuire la chair de l'ours. Il n'y a rien de plus glorieux parmi les Lapons que d'avoir tué un ours ; aussi ils affectent en public d'en porter les marques, mettant au-devant de leurs bonnets autant de filets d'étain qu'ils ont tué de ces animaux.

On peut semer du blé en Laponie : il y mûrit dans huit à neuf semaines ; cependant les Lapons ne sèment ni ne plantent ; le renne leur tient presque lieu de tout, les dispense presque de tout soin : en été les feuilles et les herbes des montagnes nourrissent ces animaux ; en hiver, ils fouillent sous la neige et se repaissent de la mousse qu'elle couvre. Il n'est point enfermé dans des étables, presque toujours au grand air, il erre dans les forêts : dès que son possesseur en a besoin, il le cherche, l'appelle, l'attache à un traîneau : est-il arrivé, il dételle, renvoie son renne brouter en liberté : sa chair, son lait, le fromage qu'il en fait le nourrit, sa peau l'habille pendant l'hiver ; cette peau lui sert encore de lit, son poil de fil. Il est l'unique richesse des Lapons. Il en est qui en possèdent jusqu'à 3,000.

Les Lapons sont partagés en Lapons de forêts et Lapons de montagnes. Les premiers passent l'été dans les forêts, se nourrissent de poissons et d'oiseaux ; ils lancent leurs flèches d'une main sûre et manquent rarement leur but. Outre la chasse qui leur procure différentes peaux très-recherchées, du gibier, beaucoup d'oiseaux ; ils pêchent et vendent du poisson. Le besoin de mousse pour leur renne et de bois pour eux ; les oblige de changer souvent d'habitation, et les fait vivre sous des tentes faites de grosses toiles et de branches de pins étendues sur des perches fichées en terre qui se réunissent par le haut, laissant néanmoins un espace pour la sortie de la fumée et éclairer la tente. A l'aide de leurs traîneaux, ils font trente lieues par jour, ils se servent en outre de patins faits d'une petite planche recourbée, avec lesquels ils forcent les loups à la course.

La province d'Archangel est très-froide, marécageuse, hérissée de forêts et de montagnes ; on recueille près la ville de ce nom un peu d'orge, quelques fruits, du goudron; il y a des pâturages, des boeufs, des moutons.

Archangel est une ville célèbre et commerçante sur la Duina, à dix-huit lieues de la mer Blanche ; des maisons de bois grossièrement bâties sur un espace d'une lieue de long sur moins de la moitié de large, forment cette ville. La forteresse même n'a qu'une enceinte de bois : elle est au 64 degré 34 minutes de latitude, et 56 degrés 35 minutes de longitude. Elle doit son nom au monastère de Michel l'archange qui est dans son enceinte.

Toutes les choses nécessaires à la vie se trouvent en abondance dans cette ville; il y a beaucoup de volaille et à très-bon marché; le poisson abonde dans les rivières, on y trouve surtout des anguilles délicieuses : il s'y fait un grand commerce de saumon salé ; la viande de boucherie y abonde même ; on y vend le meilleur boeuf du monde, un sol la livre; un agneau d'environ dix semaines s'y vend quinze sols, un veau de même âge trente à quarante sols; la bierre y est très-bonne, mais il n'est permis d'en brasser qu'avec une autorisation du souverain. On y apporte du vin et de l'eau-de-vie de France par mer : mais l'eau-de-vie y est fort chère, à cause des grosses impositions dont elle est chargée. Cependant il s'y en fait de grains , qui est excellente, et à un prix raisonnable; les étrangers n'en boivent point d'autres.

Koweda , Kerel , Kaudalar , sont trois villages sur le rivage de la mer blanche ; le dernier est limite de l'empire Russe vers la Laponie suédoise : on y trouve encore *Panoinskoi* , *Laverzoskoi* et autres petits villages ou ostrogs.

Nowa-Dwinka est une forteresse à trois lieues d'Archangel. Le village *d'Onescheskoevstie* est à l'embouchure de l'Onega. *Sumskoi*, est une petite ville à l'embouchure du *Kem* : on y a cherché l'élevation du pôle. Soloweskoi, île de la mer blanche où il y a un couvent d'où l'on tire du talc net comme du crista'. *Ansorskoi*, île et couvent voisin du dernier.

Kewrol, petite ville. Mezen, ville à l'embouchure de la rivière de ce nom et de *l'Udor*. Ce district se nommait autrefois *Jugoric*. On prétend qu'on y parle la langue hongroise, et on croit que c'est la patrie originelle de ce peuple.

Kola, petite ville dans la Laponie russienne, consiste en une seule rue formée par deux rangs de maisons construites en bois : la rivière de ce nom sort du lac, aussi du même nom, et se jette dans un petit golfe qui forme son port où se rendent les pêcheurs de baleines et de chiens marins. Son principal commerce consiste en poissons frais et salés : sa latitude est de 68 degrés 54 minutes.

Pustoserskoi situé à l'embouchure de la rivière Peczora, dans la Samojédie, et *Schemkurskoi* ne méritent pas le nom de ville.

PETZORA situé au fond d'un golfe et à l'embouchure d'une petite rivière, est le cheflieu de la Samojédie.

DÉPORTATION

DES

ÉMIGRÉS FRANÇAIS

Dans les îles de Mayorque, et dans les îles Canaries.

ILE DE MAYORQUE.

(Voyez la carte, n°. 4.)

LE texte de la dernière résolution royale, publiée à Madrid, le 18 floréal, contre les émigrés français, porte littéralement ce qui suit (voir la carte 4) :

« La ville de Palma, dans l'île de Mayorque, ayant par l'organe de ses chefs représenté au roi, qu'il y aurait des inconvéniens et des difficultés à ce que les émigrés français, auxquels le décret royal du 23 mars permet de se rendre dans cette île, s'y pussent maintenir, S. M. faisant droit à ces représentations a bien voulu ordonner que les émigrés, que cette île pourra entretenir, y soient seuls transportés, et que les autres soient distribués dans les îles Canaries. S. M. veut en outre que les émigrés qui ont obtenu des grades militaires à son

Pl. 4.

MEDITERRANÉE

CASTILLE NOUVELLE

ROYAUME DE MURCIE

ROYAUME DE VALENCE

M E R

ROYAUME DE MAIORQUE

MAIORCA

MINORCA

MALORCA

Occident

Septentrion

Midi

Orient

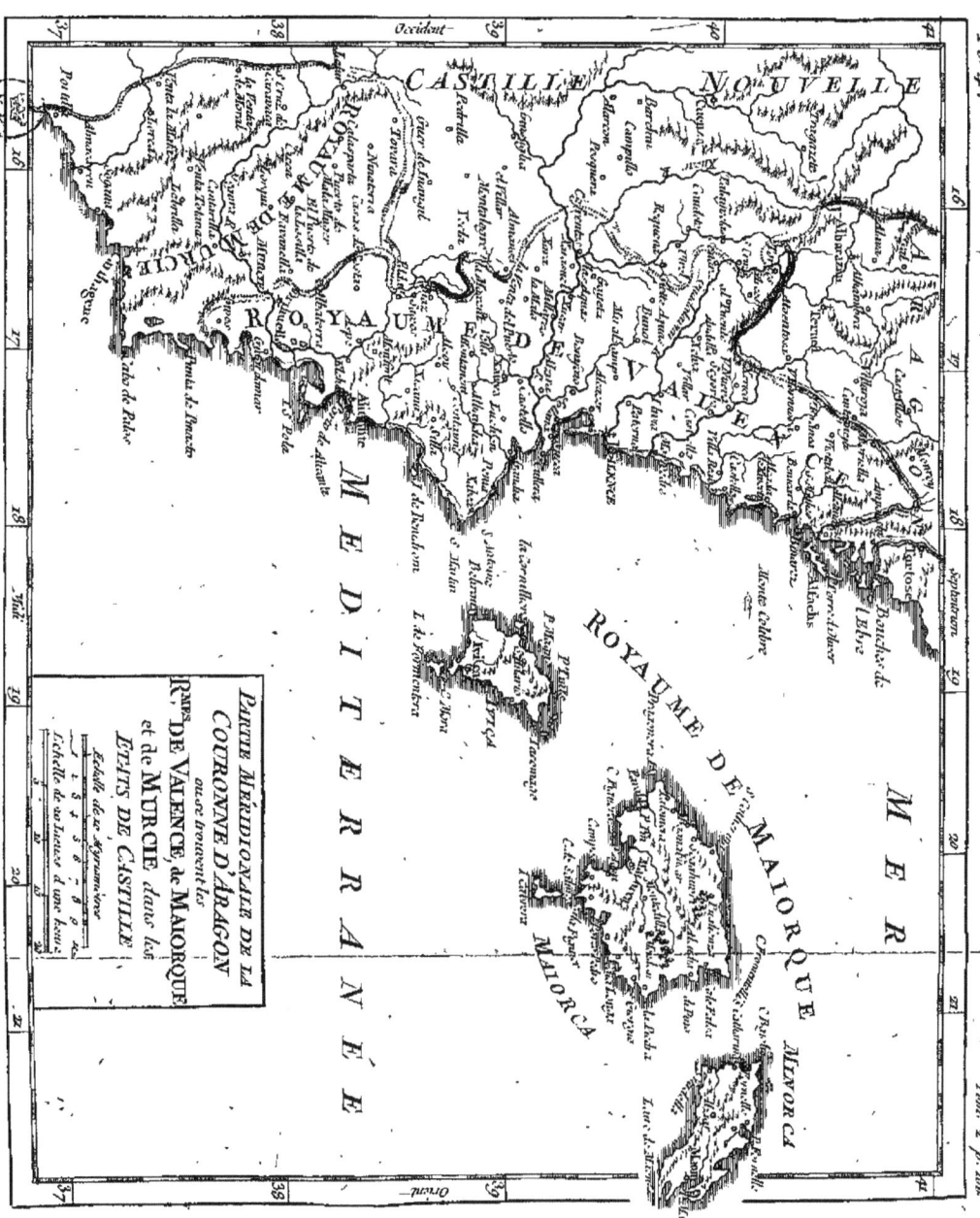

PARTIE MÉRIDIONALE DE LA COURONNE D'ARAGON où se trouvent les Rmes DE VALENCE, de MAIORQUE et de MURCIE dans les ÉTATS DE CASTILLE

Echelle de 20 Myriametres

Echelle de 20 Lieues d'une heure

service, ainsi que les ecclésiastiques qui jouissaient sous l'ancien régime français, d'une haute considération, soient les premiers qui puissent se rendre à Mayorque par Barcelone : que s'il se trouvait déjà un grand nombre d'émigrés réunis dans cette ville pour se transporter dans la susdite île, on y frête des bâtimens neutres pour les conduire aux Canaries, et qu'on désigne à ceux qui ne se seraient pas encore rendus à Barcelone, la route de la Corogne, où ils devront s'embarquer : Les frais des bâtimens qui les y transporteront, ainsi que les dépenses de leur entretien pendant le passage étant à la charge du trésor royal.

» S. M. a également déclaré, dans la vue d'éviter des recours continuels sur la dénomination d'émigrés et de la part de ceux qui allèguent des exceptions pour rester sur le continent, que le décret royal ci-dessus énoncé, comprend tous les Français qui sont venus en Espagne depuis le 14 juillet 1789, sous le titre d'émigrés, déportés, réfugiés, ou déserteurs, en un mot tous ceux qui, n'ayant point été domiciliés en Espagne avant cette époque, y seraient venus postérieurement, et ne seraient pas inscrits sur les registres des consuls de la république Française, sans qu'ils puissent

se couvrir du prétexte qu'ils sont au service
de sa majesté, descendans des naturels de ses
royaumes, revêtus des titres de Castille ou
Grands d'Espagne ; car tous doivent être com-
pris dans les dispositions du susdit décret, à
moins qu'ils ne représentent des certificats de
l'ambassadeur de la république Française en
cette cour, par lesquels ils constatent qu'ils sont
dans la classe des citoyens français. S. M.
n'entend pas que le prétexte de solliciter ces
certificats puisse les autoriser à rester, attendu
que, s'ils les obtenaient, ils pourraient reve-
nir des îles où ils doivent se rendre.

» Enfin S. M. a ordonné qu'on fasse savoir
au commandant général des Canaries, qu'aussitôt l'arrivée des émigrés à cette destination,
il ait à observer leur conduite pour les dis-
tribuer dans les endroits de ces îles qui lui
paraîtront les plus convenables, et qu'après
avoir pris connaissance des individus les plus
méritans, il propose les terrains qui se trou-
veraient en jachères, et qu'il serait possible
de leur donner à cultiver, dans la vue de
faire concourir leur résidence dans ces îles à
l'utilité publique. »

L'ILE de Mayorque ainsi que celle de Minorque furent connues par les anciens sous le nom
d'îles Baléares, ou d'îles des frondeurs, à cause

de leur adresse à manier la fronde. Cette île placée dans la Méditerranée, a environ treize lieues de long et huit de large. Elle a l'île d'Ivica au couchant, et celle de Minorque au levant. Il semble que la nature se soit jouée agréablement dans la disposition de son terrain. Ceux qui en approchent du côté du midi la regardent comme une charmante perspective : elle est terminée à son nord par des montagnes assez hautes, dont tous les sommets sont autant de rocs escarpés qui s'entr'ouvent et se divisent en une infinité d'endroits. Il sort de ces ouvertures et de ces fentes des oliviers sauvages. Ceux qu'on a greffé y produisent une huile excellente. Ces rochers et ces arbres entremêlés forment un coup-d'oeil très-agréable. On voit au bas de ces montagnes de fort belles collines où règne un vignoble très-bien exposé, qui fournit d'excellent vin en abondance : au bas de ces montagnes est une belle plaine qui produit d'aussi bon froment que la Sicile. Le ciel y est beau, l'air serein et tempéré : on n'y voit point de rivières ; mais ses sources, ses fontaines suffisent pour les besoins de ses habitans. A deux lieues de la capitale coule un ruisseau qui, dans les tems de pluie, devient un torrent, et se dessèche bientôt après : au milieu de son lit est un puits

qui se remplit par intervalle quand le ruisseau
ne coule plus ; il regorge avec abondance
pendant quelques heures , et quelquefois pendant des jours entiers. L'île renferme le lac
d'Albufera qui a douze mille pas de circonférence et communique à la mer par un golfe.
Les bons ports de cette île , ses huiles , son
miel , le safran qu'elle produit , le bétail qu'elle
nourrit , le fromage qu'on y fait , le gibier
qu'on y rencontre en font un pays d'abondance : on n'y trouve point de bêtes féroces ;
on y a découvert des carrières abondantes et
un plâtre excellent. La sécheresse et la chaleur excessive qui y règnent quelquefois en
sont le seul fléau.

Les habitans de Mayorque sont robustes
et ont l'esprit délicat ; ils ont une disposition naturelle pour les arts et pour les sciences.
Les Carthaginois , les Romains , les Van-
dales , les Maures les ont conquis successi-
vement. Jacques roi d'Arragon , pressé par
les Catalans de faire la conquête de cette
île et de la nettoyer en chassant les infideles,
s'en empara en 1229. Les habitans s'étant
révoltés , il fut contraint d'y repasser l'année
suivante et de soumettre les rebelles.

Palma ou *Magorca* capitale de l'île , est
située en partie dans une plaine et en partie
sur

sur une colline. Au bord du golfe qu'une digue de 1500 pas défend des orages, son port est vaste, et toutes sortes de vaisseaux marchands peuvent y entrer sans danger : dans le même golfe, à demi-lieue de la ville, est le *portopi* propre à recevoir les vaisseaux du roi et protégé par un fort. La ville est entourée de bastions à la moderne et d'un fossé profond ; elle est défendue encore par trois châteaux ; et sur une hauteur qui commande la ville, il en est un quatrième qu'on nomme *Pelver*, et qui fut l'ancien palais des rois ; des tours et des fossés l'environnent. Les maisons sont grandes, régulières et bâties en pierre de taille. Les rues sont larges ; les places spacieuses surtout celle de *Born*, qui est entourée d'édifices superbes, et de belles galeries ; c'est là que se font les courses de taureaux, les tournois, etc. On prétend que le nombre de ses habitans peut-être de dix à douze-mille. On y compte jusqu'à vingt-deux églises. Sa cathédrale a 586 pas de long, et 272 de large ; elle est divisée en trois grandes voûtes, soutenues par de fortes et belles colonnes : on en estime le choeur, et on admire les couleurs de son vitrage. On y entre par trois superbes portes au-dessus desquelles est un clocher d'une structure admirable. Elle est si voisine de la mer que les matelots peuvent entendre la messe sans sortir de leurs vaisseaux. Cette ville a un riche hôpital-général ; il en est un pour les pauvres vieillards, pour les prêtres malades, pour les orphelins, pour les maladies contagieuses : on y remarque encore trois maisons de piété ; l'une pour les filles nobles et pauvres ; la seconde pour les jeunes roturières ; la dernière pour les filles ou femmes de mauvaise vie. La bourse est une des plus belles de l'Europe. Le palais royal, ou réside le gouverneur, est superbe et bien défendu.

Cette ville est gouvernée par six jurats, qu'on élit annuellement et dont le premier doit être noble. Un juge de police pour les poids et mesures. Des consuls qui jugent sommairement des affaires de commerce. Une partie de ces magistrats est élue par le peuple. Il y a aussi un tribunal d'inquisition.

Alendia, ville maritime située entre les promontoires de *formentoor* et de *Piedra*. On y compte mille habitans. On pêche beaucoup de corail dans son port.

L'Euchmayor, est un bourg de 1500 habitans. *Zauda* est situé dans une plaine semée d'hermitages.

Porreras est riche par le safran qu'on re

cueille dans ses campagnes. *Feneliche* est défendu par un château-fort. *Arta* est à une lieue d'une montagne escarpée, où l'on trouve une caverne remarquable par les différentes figures de stalactites dont elle est ornée. *Pollentia* est connu par le malvoisie qu'on y recueille : il fut originairement une colonie. *Juca* renferme 2000 habitans : on compte vingt-sept autre bourgs dans cette île.

Autour de Majorque sont d'autres petites îles : telles que *Cabrera* qui doit son nom aux cerfs qu'elle nourrit ; elle est montueuse et déserte. Elle a un port grand et sûr, dont l'entrée est opposée à Majorque, protégée par un château : c'est un lieu d'exil.

Las Bledes, île peu éloignée du port d'*Olla* : elle était autrefois très-peuplée, et l'est peu aujourd'hui : son étendue n'est pas d'une lieue : on y trouve une carrière de marbre.

Dragonera a environ mille pas de long, sur neuf-cents de large : un détroit de 1200 pas la sépare de Majorque. Elle est inculte; on y remarque l'oiseau de proie nommé l'espagnol. Le nom de *Dragonera*, vient d'une espèce de serpent.

On trouve aussi aux environs de Majorque d'autres petites îles ; mais très-peu considérables.

Iles Canaries.

Ces îles connues par les anciens sous le nom de *Fortunées*, sont au nombre de 13, et situées entre le 27°. et le 3°. de lat. sept. le 10°. et le 50°. 30′ de long. Jean de Béthencourt, gentilhomme Normand, les découvrit en 1402, et les céda à l'Espagne pour une somme d'argent ; depuis cette époque cette puissance en jouit paisiblement. (Voir la carte 5e.)

Ces îles étaient habitées par une nation que les Espagnols nomment les *Guanches*. Ce peuple avait toujours deux rois, l'un vivant et l'autre mort : lorsque le premier cessait de vivre, ils en lavaient le corps, le plaçaient sur ses pieds dans une caverne, ayant dans ses mains une sorte de sceptre, et à ses côtés deux cruches, l'une de vin et l'autre de lait. Ils n'avaient point d'idoles, point de culte extérieur. Ils révéraient un Dieu qui leur donnait la nourriture et la vie et demeurait *en haut*. Sans croire à l'immortalité de l'ame, ils admettaient un enfer ou le malfaisant *Gacogota* était renfermé ; cet

355.

COTE OCCIDENTALE D'AFRIQUE
depuis le
Dét de Gibraltar, jusqu'au C. Blanc
ou re-commence les
ÉTATS DU ROI DE MAROC
et les Isles Canaries.

Echelles
des Lieues d'une heure
de 20. au degré
de Lieues marines
de 20. au degré

O C É A N   O C C I D E N T A L

Septentrion

Tropique du Cancer

Premier Méridien

Isles Canaries

S A A R A   ou   D É S E R T

D É S E R T   D E   Z A N H A G A
Pays de Gogden

G U A N Z I G A   J U E N Z I G A
ou   G U A N A S E R I S

D É S E R T   D E   B A R B A R I E

É T A T S   D U   R O I   D E   M A R O C

Madère

Pays de Jacken

Pays Guanch

enfer était le volcan de Ténériffe. Pour demander à Dieu l'eau dont ils manquaient,
ils rassemblaient leurs troupeaux dans des lieux
destinés à cet usage, séparaient les agneaux
dé leurs mères attachées à une lance autour
de laquelle elles tournaient en bêlant pour
rejoindre leurs petits ; ceux-ci bêlaient aussi
pour appeler leurs mères, et ces bêlemens
réciproques disposaient la divinité à être tou-
chée de leurs besoins et à leur accorder une
pluie salutaire. On dit qu'ils ignoraient l'u-
sage du feu. Dès qu'un enfant était né, des
vierges consacrées, vivant par troupes dans
des cavernes, venaient répandre de l'eau sur
sa tête en lui donnant un nom.

Rien n'était plus simple que la manière avec
laquelle ils contractaient leurs mariages ; le
consentement de la famille ou celui de la fille,
si elle était orpheline, suffisait, les deux fu-
turs se donnaient alors la main. On rompait
ce lien en se séparant librement : alors les
enfans nés de ce mariage devenaient illégi-
times. La poligamie y était permise ; les nobles
y prétendaient au privilége de coucher la
première nuit avec la nouvelle mariée. A
chaque renouvellement du seigneur, quelques
hommes du peuple se dévouaient pour lui
en se précipitant du haut de quelque roc.

Ils juraient par le soleil, et ce serment était
sacré : adorer Dieu, honorer ses parens,
aimer ses frères et ses soeurs, ne faire tort
à personne, s'abstenir de toutes débauches,
tel était le précis de leur morale : le vol, l'ho-
micide, le viol, la désobéissance à ses parens étaient punis de mort : l'adultère était
enterré vif : la femme libertine était renfermée
jusqu'à ce que celui qui l'avait corrompue,
voulût l'épouser.

Ils préparaient avec soin les peaux dans
lesquelles on les enveloppait à leur mort :
leurs cadavres étaient séchés pendant quinze
jours et baignés dans le suc de différentes
herbes ; revêtus de peaux, on les déposait alors
dans les caves ; les plus riches étaient placés
dans le tronc vidé d'un arbre dont le bois
était regardé comme incorruptible : ceux qui
s'occupaient du soin de préparer les cadavres,
de les loger, étaient bien payés, mais regardés comme immondes ; on les fuyait : ces
précautions font que les corps des Guanches
subsistent encore aujourd'hui dans les caves
creusées dans le sommet des montagnes :
leurs descendans les cachent avec soin ; ils
sont peu nombreux, ayant été détruits par
les Espagnols, lors de la conquête de ces îles.

Les Guanches étaient de haute taille, ro-

bustes, maigres, bazannés; ils étaient vifs,
agiles, hardis, bons guerriers et grands mangeurs; ils parlaient peu et vîte : il en est encore dans l'île de Ténériffe qui ne vivent que
d'orge pilé, broyé avec le lait et le miel, et
suspendu dans des peaux au-dessus de leurs
fours. Ils ne boivent pas de vin et ne mangent
pas de chair : on les voit descendre des montagnes en sautant de rochers en rochers; ils
s'élancent d'un roc à l'autre aidés d'une longue
pique, au travers des précipices avec une har-
diesse et une légéreté qui étonnent; ils sifflent
avec une force extraordinaire; ils jettent les
pierres avec une roideur et une adresse presque
inconcevables, et sont sûrs d'atteindre au
but qu'on leur marque : les pierres sont leurs
armes : ils se servent encore d'un dard de
bois durci au feu. Ils savent peindre sur le
bois : leurs couleurs étaient l'ocre, le cinabre,
le charbon, le lait de figuier, celui d'un autre
arbre sauvage nommé *cardon*, et le suc de
diverses autres plantes. Leurs biens sont communs; ils labourent la terre avec une corne
de boeuf. Leurs maisons étaient et sont encore des cavernes creusées entre les rochers.

L'air est serein dans les îles Canaries. On
n'y trouva ni blé, ni vin, lorsqu'on les découvrit; et ce qu'on y avait de plus utile était

une bonnĕ espèce de fromage , des peaux de boucs bien travaillées et du suif. Le terroir y est par tout excellent et fertile, et produit du blé et du vin , connu sous le nom de vins de Canaries , qui est très-estimé et fait un objet de commerce assez considérable. La récolte des blés s'y fait aux mois de mars et d'avril : dans de certains endroits elle se fait deux fois par an. Il n'y avait autrefois qu'une seule île qui portât du blé et du vin ; aujourd'hui elles en produisent toutes , ainsi que ce qui est utile pour la subsistance de l'homme.

On y trouve de plusieurs fruits , tels que figues, oranges, citrons, pêches, etc. Beaucoup de cannes à sucre, et des palmiers, des groseilles , des framboises , des cerises , toutes sortes de racines et de légumes ; et la campagne y est embellie d'une variété infinie de fleurs. L'eau n'y est pas excellente ; mais on y remédie en la faisant filtrer à travers une pierre extrêmement poreuse, et par ce moyen elle se purifie et se rafraîchit. On y trouve aussi une certaine gomme noire ou poix que l'on tire des puits. On coupe et fend les arbres en bûches que l'on place en croix les unes sur les autres au-dessus d'un trou grand et profond, où la poix coule par le moyen du feu qu'on allume par en haut. On y trouve aussi beaucoup de miel et de cire.

Il y a une assez grande quantité de boeufs, de chèvres, d'ânes sauvages, de chevreuils, de dains., et plusieurs sortes d'oiseaux, principalement le serin dont le chant est si agréable.

La mer qui arrose leurs rivages nourrit beaucoup de poissons, et sur-tout l'esturgeon, qui y est si abondant qu'il sert de nourriture aux habitans les plus pauvres. Toutes ces îles ont des marais ou fossés où s'épanchent les eaux de la mer dans les hautes marées. La chaleur du soleil les change peu-à-peu en sel.

Les habitans actuels de ces îles sont au nombre de 165,230, sans compter plus de 700 prêtres, plus de 1000 moines et 800 religieuses. Elles envoient annuellement à la métropole 16 à 1800 mille francs, produits par la crusade, le droit de lance, le tiers du revenu des évêchés, la première année de tous les emplois qu'elle y accorde. Passons à la description particulière de chacune de ces îles : sept seulement méritent qu'on s'y arrête. La *Gratiosa* qui fut une des premières découvertes ; la *Rocca*, l'Allégranze, Sainte-Claire, Infierno, l'île Lobos située entre Lancerotta et Fuertaventa, sont toutes peu considérables et presque sans habitans. Plus au nord encore sont l'île *Salvaga*, le Piton et des roches dispersées qui ne sont utiles qu'à guider les navigateurs.

Les principales des treize îles sont *Palme*; celle *de Fer*; *Fuerventura*; *Lancerotta*; de *Gomère*; de *Ténériffe*; la *grande Canarie*.

L'île Canarie, qui a donné son nom à toutes les autres, fut ainsi nommée du tems de Pline, à cause de la grande quantité de grands chiens qu'on y trouva. Elle est maintenant la seule qui ait conservé cet ancien nom : elle ressemble à-peu-près à l'île de Ceylan. Son circuit est de quarante lieues, sa longueur est de dix lieues, et sa largeur de six.

L'air y est tempéré; on y fait deux moissons de froment, qui y est excellent, et donne un pain blanc comme la neige. On y cultive aussi l'orge et le maïs. Ces trois espèces de grains y sont en si grande abondance qu'on en transporte souvent ailleurs. Ses vins sont très-recherchés. Outre les fruits d'Europe qui y sont excellens, on y récolte le plantin : l'arbre qui le produit est un palmier dont le bois n'est pas propre à la construction. Il croît sur les bords des ruisseaux, son tronc est droit, ses feuilles épaisses, et elles sortent

du tronc même au sommet de l'arbre, longues
d'une aune sur la moitié de large : chacun
n'a que deux ou trois branches sur lesquelles
croissent les fruits au nombre de 30 ou 40,
ayant la forme du concombre, et devenant
noirs dans leur maturité. On peut faire de
ce fruit une confiture délicieuse : on coupe
l'arbre quand il a donné son fruit, et de sa
racine s'élève un tronc nouveau. Parmi les
légumes qui y réussissent fort bien, on y
distingue l'oignon qui y est le meilleur du
monde.

L'île a beaucoup de bêtes à cornes, de
chameaux, de chèvres, de volailles, de
pigeons, de grosses perdrix, etc. Mais le
bois y est rare.

Cette île qui est la plus considérable de
toutes, a pour capitale, CIUDAD DE PALMA,
la *ville des Palmes*. Cette ville qui peut
avoir une lieue de circuit, est située au sud-
quart-sud-ouest de l'île, et à une lieue et
demie de la rade. Le mouillage est très-bon,
pourvu qu'on ne s'approche pas trop de la
ville, dont des rochers cachés sous l'eau
rendent l'accès dangereux. Elle est défendue
par un château situé sur une montagne ; elle
est peuplée de douze mille insulaires, riches,
braves, et disposés à repousser ceux qui vou-

draient les attaquer. La plupart des maisons
y sont assez bien bâties, mais basses, n'ayant
que deux étages. Sa cathédrale est magni-
fique, les offices et les dignités y sont en
grand nombre. C'est dans cette île que siége
le tribunal de l'inquisition, et le souverain
conseil des sept îles. On y compte quatre couvens. On y trouve encore quelques bourgs,
tels que *Galder*, *Tirachana* : son port le
plus fréquenté se nomme *la Luy*.

L'*île Lancerotta* a environ douze lieues
de long, huit de large, avec le titre de comté.
Une chaîne de montagnes la partage, et sert
d'asile à des bêtes sauvages qui n'empêchent
pas les moutons et les chèvres d'y paître. Il
y a peu de bêtes à cornes, et encore moins
de chevaux. Les vallées sont sèches et sablonneuses ; on y recueille de l'orge, un froment
médiocre, de l'oseille (plante destinée pour
la nourriture des serins), et un peu de vin :
ses barques transportent aux îles voisines de
la chair de chèvre séchée, dont on se sert
au lieu de lard. Ses habitans sont grands et
bazanés. Les anciens naturels combattaient
avec des dards et des pierres. Elle a une ville
composée de plus de cent maisons, qui sont
bâties de cannes et de paille avec quelques
chevrons, et couvertes de boue séchée au

eil : tels sont aussi les matériaux dont on
)âti l'église qui ne reçoit le jour que par
porte : on y a bâti un couvent avec plus
légance et de meilleurs matériaux. Sur la
e orientale, il y a deux ports dont l'entrée
dangereuse, mais ils sont déserts. En 1730
volcan y éleva une petite montagne.

L'*île de Fuerte-Ventura* a quinze lieues
long, et dix dans sa plus grande largeur,
is elle est très-resserrée dans le milieu. Elle
)duit du froment, de l'orge, un peu de vin,
'oseille qui croît sur des rochers; on exporte
son vin annuellement plus de trois cents
1neaux. Elle nourrit des chèvres, et n'est
; bien peuplée. On y compte trois villages,
nagala, *Pozzo-Negro*, *Taratato*, situés
· la côte orientale. Le port de Chabras est
meilleur de l'île ; on voit tout auprès un
age assez considérable.

L'*île Ténériffe* est sous le 27°. 30′ de
1tude septentrionale ; elle a 18 lieues de
1gueur et huit de largeur. Avant que les
)agnols l'eussent conquise, on y comptait
1t petits états, dont les chefs vivaient dans
; cavernes avec leurs sujets, se nourris-
ent des mêmes alimens, et se vêtissaient
nme eux de peaux de boucs : le principal
ces rois se nommait *meusey*, mot qui

signifie *secours*, *protection*, *défenseur*; il portait pour couronne une guirlande de lauriers, de fleurs ou de palmes ; son sceptre était un os du premier de ces prédécesseurs : on le couronnait à *Fagazer*, lieu d'assemblée publique ; là, il prenait le crâne ou quelques-uns des os de ce premier roi, les baisait, les mettait sur sa tête, et jurait de faire comme lui, toute espèce de bien à l'état, comme en étant le père : les principaux sujets juraient aussi par ces os, d'être gardiens fidelles de l'état et de son chef. Les hommes y succédaient à la couronne préférablement aux femmes qui n'en étaient pas exclues. Le frère du roi était préféré à ses enfans. Ces rois ne se mariaient que dans leur famille, et seuls ils pouvaient épouser leur soeur.

Mais ce qui fait connaître encore davantage cette île, est le pic de *Teyde* : sa base est couverte d'arbres d'une hauteur surprenante qu'on nomme *vinutico* ; plus haut elle est ceinte de neige, puis on trouve des cendres, des pierres-ponces, des pierres calcinées ; du sommet, il sort quelquefois des flammes, et toujours de la fumée : une seule route y conduit ; on part pour atteindre à ce pic de de la petite ville d'*Orotova* ou *Larotova*; delà on arrive au pied d'un rocher, d'où coule

un ruisseau d'eau vive et pure, puis on trouve
le *Monte-Verte*, couvert de fougère, et d'une
pente assez rapide : plus loin est la montagne
des Pins, couverte de ces arbres souvent
abattus par les ouragans, et dont on extrait
une résine excellente. Après cette montagne
est une plaine couverte de sable, de pierres
ponces, de genets, de cette plante rampante
qu'on nomme *scorploïde*; où habitent des
lapins et des chèvres sauvages; sur elle est
placée la montagne de *Montou de frige*, ou
amas de blé, la seconde en hauteur de toutes
celles de l'île : de son sommet à celui du
pic, il y a encore deux fortes lieues, et le
chemin est au travers de pierres ponces bri-
sées, de petites pierres noires et brillantes,
dont quelques-unes ont la forme d'un couteau
tranchant, et en tenaient lieu aux Guanches;
de pierres rougeâtres et cendrées, scintillantes
au plus léger coup de briquet; d'autres sont
d'un beau jaune ou bleu, et d'une variété
infinie; plus haut sont les débris d'un roc
noir : on arrive à une large calotte sur laquelle s'élève une pyramide de rocs noirs ou
cendrés, sur laquelle on monte par un sen-
tier dans sa partie méridionale : au milieu
du sommet est une fosse en cône renversé
appelée la *Caldera*, la chaudière, dont le

diamètre est de près de 300 pieds, taillée
presque à pic, bordée de rocs calcinés, roux,
blanchâtres, profonde de 120 pieds. Le fond
est une terre blanche humide, mêlée de soufre
dont la fleur couvre quelquefois toute la surface en forme d'écume jaune, fine, brillante
comme le diamant, s'évaporant, brûlant le
papier et l'étoffe dont on l'enveloppe. Le
dehors, le dedans de la chaudière sont cri-
blés de trous d'un à quatre pouces de diamètre, d'où il sort par courts intervalles,
une fumée épaisse, ardente, d'une odeur
fétide de soufre : il en est un qui a huit
pouces de diamètre, dont la fumée s'exhale
avec un bruit semblable au mugissement d'un
taureau, et convertit le bois en charbon ;
cependant l'humidité est très-grande sur ce
sommet, et les rochers y sont couverts de
mousse. A mi-côte du pic est un souterrain
qui s'étend du nord au sud, obscur, haut de dix
pieds, large de quinze, et ce qu'on aperçoit peut avoir 120 pieds de long. Le sol
paraît y être de glace ; on y trouve une eau
profonde de plus de deux pieds, limpide
comme le cristal et d'une froideur extrême,
formant quelquefois un petit ruisseau; de la
voûte tombent sans cesse des gouttes d'eau.
La hauteur de ce pic en ligne droite, est

de

de deux lieues et demie. On le regarde comme
la plus haute montagne du monde. Quand le
ciel est serein, on peut le voir de quarante
lieues en mer.

L'an 1704, il y eut dans cette île un des
plus épouvantables tremblemens de terre,
dont on ait jamais entendu parler. Il commença le 24 décembre (nivose), et en trois
heures de tems, on sentit 29 secousses assez
violentes. Le 27, ces secousses augmentèrent
tellement, que toutes les maisons ayant été
ébranlées, ainsi que les édifices les plus solides,
chacun les abandonna. Le 31, on découvrit
une grande lumière du côté de Monja, vers
les montagnes blanches. La terre s'y étant
ouverte, il s'était formé un volcan ou bouche
de feu, ce qui avait été suivi d'une autre bouche.
Toutes les deux jetèrent tant de pierres ar-
dentes, qu'il s'en forma deux montagnes assez
hautes; en sorte que les matières combustibles
qu'elles poussèrent dehors, allumèrent plus
de cinquante feux aux environs. Ces bouches
continuèrent à jeter des pierres enflammées
qui éclataient et se brisaient en tombant avec
un bruit terrible. Cela dura jusqu'au 5 janvier
(nivose) de l'année suivante. Ensuite l'air fut
obscurci par des cendres et par la fumée. La
terreur augmenta, lorsque, sur le soir, on vit

plus d'une lieue de pays toute en feu. C'était l'effet d'un autre volcan qui s'était ouvert avec plus de trente bouches à la circonférence d'un quart de lieue du côté d'Oroctova. Il se forma en même-tems un torrent de soufre, et d'autres matières bitumineuses du côté de Guimar, et il en sortit un pareil de l'autre volcan; cependant les secousses continuant avec la même violence, renversèrent les maisons et les édifices publics de Guimar. Le 2 février (pluviose) un autre volcan s'ouvrit près de ce lieu, dont l'église fut presque détruite.

Cette île produit les mêmes fruits que l'île de Canarie, et plus de blé qu'aucune de celles qui composent ce petit archipel : on y a vu quatre-vingt épis sortir d'une seule tige. Le grain en est jaune et transparent comme l'ambre. Sur ses côtes croît une herbe à large feuille, venéneuse pour les chevaux, et que les autres animaux peuvent manger. L'arbre qui donne la gomme appelée *sang de dragon*, lui est particulier. Son tronc est grand, élevé et couvert d'écailles; son bois est spongieux; on en fait de petits boucliers, où l'épée s'enfonce, s'arrête et ne se retire pas sans peine.

La partie du nord est remplie de bois où

croissent le cédre , le ciprès , l'olivier sauvage , et différens palmiers, des pins d'une
hauteur admirable , et qui parfument l'air
d'odeurs délicieuses ; une espèce de ces pins
est appelée l'*arbre immortel* , parce qu'il ne
se corrompt ni dans l'eau ni sous terre : il
en est d'une grosseur prodigieuse ; son bois
est aussi rouge que celui du brésil , et il
l'égale en dureté. Mais la principale richesse
de cette île , naît du vin qu'elle produit ; elle
en a de trois sortes ; le vin de *Canarie*, qui
vient , dit-on , d'un plan transporté des bords
du Rhin. Le *Malvoisie*, vin des plus estimés
de l'univers. Le cep qui le produit y fut trans-
planté de Candie ; le *Verdona* ou vin verd :
il est plus fort, plus rude que celui de Canarie ;
mais il s'adoucit dans le transport. Les meil-
leures vignes sont sur la côte à un mille du
rivage : dans l'intérieur du pays, elles sont
beaucoup moins bonnes. Les arbres fruitiers
n'y manquent pas : l'abricotier, le pêcher,
le poirier y portent deux fois l'an. Le rosier
y fleurit à Noël, ses fleurs sont admirables.
On y cultive du coton et de la coloquinte.

Les porcs , les lapins, les chèvres sauvages,
les chevaux , les vaches y sont assez com-
munes : les cailles, les perdrix, les pigeons
ramiers, les tourterelles, etc. y sont en grand

nombre; le serin de Canarie est originaire de
cette île. On y voit encore un oiseau fort petit
qui a la couleur de l'hirondelle, dont le ramage
est charmant; on ne peut le renfermer sans
lui donner la mort. Le poisson y est excellent; on y voit une espèce d'anguille, qui
a trois ou six queues longues d'une aune,
jointes à une tête et un corps de même
longueur.

La principale forteresse de cette île, est
composée de quatre bastions, et commande
un bourg nommé *Santa-Cruz* : plusieurs
petits forts sont aussi répandus sur cette côte.

La principale ville est *Lagone*, à deux
lieues de *Santa-Cruz*, sur une petite émi-
nence et à son penchant. Ses environs sont
un beau vignoble. Elle a deux couvens de
filles, quatre d'hommes, un hôpital, quelques
chapelles, deux églises paroissiales décorées
de beaux clochers. Les rues en sont grandes
et belles; elles se réunissent dans une grande
place qui est au centre : la plupart des
maisons sont de pierres brunes, couvertes de
tuiles, et ornées de jardins. Presqu'aucun
jour ne s'y passe sans qu'on n'y sente un
vent rafraîchissant qui entretient dans les
plaines voisines, une verdure charmante. Les
côteaux sont remplis d'orangers, de grena-

diers, de citronniers. A deux lieues au-dessus
de Lagone, il sort une grosse fontaine om-
bragée d'une haute futaie très-épaisse. Au
pied de la montagne est un hermitage par
les côtés duquel des sources descendent avec
impétuosité, et s'assemblent dans un canal
au-dessous. Cette eau arrose ensuite une belle
prairie. Un aqueduc la conduit dans la ville
pour les besoins des habitans. A l'Orient on
voit un petit lac d'eau fraîche de quatre cent
toises de tour, qui sort pour abreuver les
bestiaux. Ce lac qui a donné son nom à la
ville, est sur une montagne entourée d'autres
montagnes.

A l'opposite de *Santa-Cruz*, il y a un
pont nommé *le Roti.* Le reste de l'île est
entouré de montagnes inaccessibles.

Larotava est une ville située sur la
côte occidentale, avec un bon port. On y
fait beaucoup de commerce. Entre cette ville
et celle de *Riàlejo*, on remarque un canton,
qui n'a qu'une lieue de circonférence, et rassemble, pour ainsi-dire, tous les biens de l'univers. Une eau pure y descend des rocs qui
l'environnent. Il produit des bois, des grains
de toute espèce, toutes sortes de fruits, de
la soie, du chanvre, du lin, de la cire, du
miel, d'excellens vins, et beaucoup de sucre.

M 3

. On donne encoré le nom de ville à *Gara-chio*, ou *Garachico*, qui est sur la rive occidentale. On assure que cette île renferme une mine d'or près de la pointe de *Nagos*.

' *Ile de Palma.* Sa forme est circulaire; elle a vingt-cinq lieues de circuit. Les vins y sont très-abondans. Les sucres occupent continuellement cinq moulins; le terroir y est peu fertile en blés. Ses meilleurs vins croissent dans le canton de *Brenia* qui fournit tous les ans 12,000 barils de malvoisie; elle est abondante en fruits et en bestiaux. En 1652, il s'y forma un volcan avec un bruit effrayant et un grand tremblement de terre : il vomit du sable et des cendres : pendant six semaines, la flamme qui s'en éleva fut très-brillante ; aujourd'hui, il ne se fait plus remarquer: c'est l'une des deux montagnes formées dans cette île par des volcans depuis que les Espagnols s'en sont emparés.

. L'autorité y est dans les mains d'un gouverneur et d'un conseil d'échevins. On y compte deux villes, l'une est *Palma*, située sur la côte orientale, commerçante en vins, ornée d'une très-belle église : l'autre est *S.-André*, située dans la partie septentrionale; elle est petite, mais jolie et bien située.

. *Ile de Gomera.* Elle a huit lieues de long,

quatre de large, et le titre de comté : les
vassaux du comte ont droit d'en appeler aux
juges royaux de l'île Canarie : elle suffit aux
besoins de ses habitans pour les grains et les
fruits qu'elle produit : ses vignes sont abondantes ; elle n'a qu'un moulin à sucre. Sa
capitale porte le même nom ; elle est située
sur la côte orientale, et a un excellent port,
où la flotte des Indes vient souvent jeter l'ancre
pour prendre des rafraîchissemens ; à quelque
distance coule une petite rivière d'eau douce.

Ile de Fer ou *Ferro* ou *Hierro.* Son circuit
est de six lieues : l'orseille est sa principale
production : elle nourrit beaucoup de chèvres.
On n'y voit de vignobles que celui qui y fut
planté par l'anglais *Jean Hill*, ni d'eau douce
que celle de la pluie qui se rassemble dans
les rochers : on dit qu'un grand arbre au
milieu de l'île, sans cesse couvert de nuées,
arrête et fixe les vapeurs, et que de ses feuilles
l'eau tombe continuellement pendant la nuit
dans deux citernes creusées au pied : cette
eau suffit au besoin des habitans et à celui
de leurs bestiaux : sans être bien fertile,
elle produit du blé, des cannes à sucre,
beaucoup de fruits et de plantes ; les bestiaux
que les habitans y nourrissent, leur four-
nissent du lait et du fromage Un volcan s'y

ouvre quelquefois avec grand bruit, et y fait beaucoup de ravages. On y voit un bourg qui porte le nom de l'île. Les Français font passer le premier méridien par cette île, comme les Hollandais par celle de Ténériffe.

HISTOIRE ET DESCRIPTION

du Canada.

Le Canada est un des plus grands pays de l'Amérique septentrionale ; il est borné à l'est par l'Océan occidental, à l'ouest par le Mississipi, au sud en partie, par les colonies Anglaises et la mer. Au nord les terres qui l'avoisinent sont peu connues.

On croit que les Espagnols ayant abordé sur les côtes de ce pays, long-tems avant les Français, pour y chercher des mines, et voyant qu'ils n'en trouvaient point, s'étaient retirés, en disant : *aca nada* : il n'y a rien ici. Les Français ayant débarqué, les Sauvages répetèrent les deux mots *aca nada* ; d'où l'on a donné le nom de *Canada* à tout le pays.

En l'an 1508 un pilote de Dieppe, nommé Thomas Aubert, à son retour du banc de Terre-Neuve, mena en France un habitant

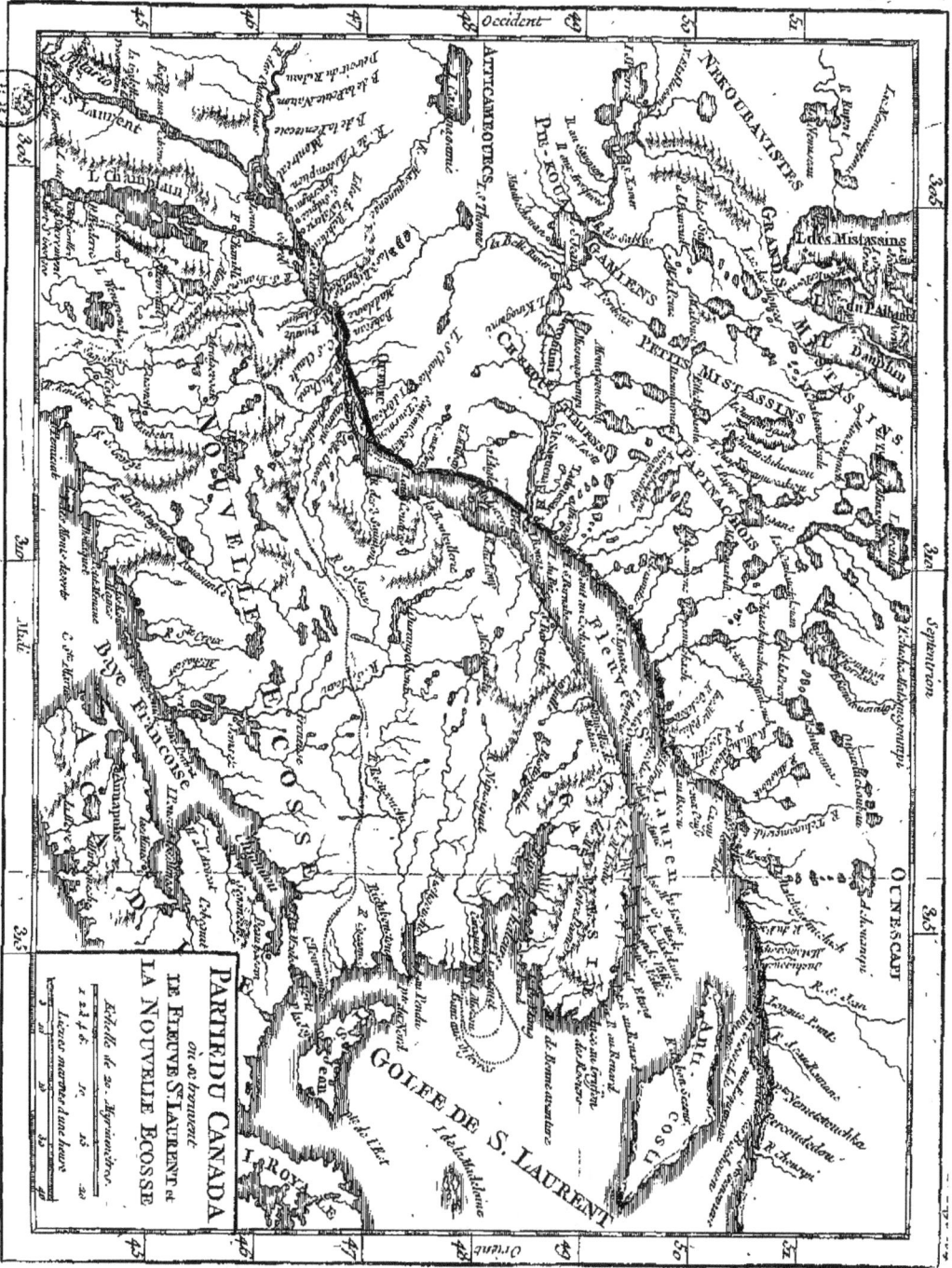

PARTIE DU CANADA
où se trouvent
LE FLEUVE St LAURENT et
LA NOUVELLE ECOSSE

du Canada, qu'il avait pris sur les côtes du Continent . . . .

Le 20 avril 1534 un Malouin ayant fait voile pour ce pays, aborda le dix août dans le golfe qu'il appela Saint-Laurent, qui a donné par la suite son nom au fleuve qui s'y décharge : il remonta le fleuve pendant quatre vingt-dix lieues, et vint dans une grande bourgade bâtie dans une île, située au pied d'une montagne qu'il appella *Mont-Royal*, aujourd'hui *Montreal*, nom qui s'est communiqué à toute l'île. Différens voyageurs pénétrèrent à diverses reprises dans l'intérieur du pays. On n'y trouva d'abord que de vastes forêts que l'on a abbattues pour défricher les terres. La France par la suite y forma des établissemens ; l'on construisit la ville de *Quebec*, nom qui signifie *rétrécissement*, dans la langue Algonquine, parce que le fleuve se rétrécit beaucoup vers le lieu où elle est située. . . . .

Une foule de nations habitait cette contrée, tels que les Algonquins, les Iroquois, les Hurons, les Esquimaux, etc. Chez la plupart le chef était choisi au milieu des chants et des danses. Dès qu'il était élu, il faisait l'éloge de son prédécesseur : on le respectait plutôt comme

un père qu'on ne le craignait comme un roi ;
il n'avait ni gardes, ni prisons, ni tribunaux.

Le gouvernement était une espèce d'aris-
tocratie, mais peu puissante : Les chefs étaient
des vieillards qui joignaient l'expérience à
la dextérité ; quelques familles étaient plus
respectées que les autres ; l'assemblée générale était formée de tous les chefs de tribus
et de familles. Elles se tenaient dans chaque
bourgade ; ils y recevaient les députés, ré-
pondaient à leurs demandes. On y chantait
les guerriers et on y célébrait les morts par
des fêtes solennelles. Les chefs proposaient
l'objet que l'on devait décider, et exposaient
leurs sentimens à l'orateur de la bourgade
qui les rendait aux assistans. S'il s'agissait
d'une affaire importante, on faisait un repas
où toute la nation était invitée. En général,
il ne se faisait aucune solennité, il ne se
terminait aucune affaire publique sans y mêler
des chants, des danses et des festins.

Ils avaient un conseil des anciens chargé des
affaires extérieures ; il veillait encore sur la
paix intérieure de l'état. Ordinairement ils
avaient un chef pour dix guerriers, un général
pour cent ; mais il commandait moins qu'il
conseillait, il ne punissait ni ne payait ; chacun se
séparant ou se retirant quand il lui plaisait.

Chaque matin ils haranguaient leurs soldats, et disaient ce qui leur paraissait utile de faire. On combattait rarement leur opinion.

Ces sauvages n'avaient aucun culte réglé ; ils reconnaissaient néanmoins un esprit supérieur et des génies ; chacun avait le sien. leurs traditions sur la création du monde et celle des hommes, étaient confuses et mêlées de fables grossières : on y trouvait cependant des traces de la religion naturelle. Ils avaient une idée du déluge ; ils croyaient qu'il y avait un lieu où les ames allaient après la mort, où les unes vivaient dans les plaisirs, et les autres dans les tourments. Ils faisaient aux esprits des oblations, et quelquefois des sacrifices. La manière barbare avec laquelle ils traitaient leurs prisonniers de guerre était l'effet de leur esprit vindicatif et d'un faux point de religion ; car c'est au soleil, qu'ils confondaient avec le grand esprit et avec le Dieu de la guerre, qu'ils immolaient ces malheureuses victimes à qui ils faisaient souffrir des maux qui font horreur. On plantait en terre deux poteaux, avec des traverses qu'on y attachait, l'une à deux pieds de terre, l'autre six ou sept pieds plus haut : on faisait monter le patient sur la première, à laquelle on lui liait les pieds, à quelque distance l'un de l'autre ;

on lui liait les mains aux angles de la seconde ;
et c'est dans cette situation qu'on le brûlait en
lui appliquant du feu sur toutes les parties
du corps, ensuite on exposait le cadavre
aux bêtes féroces. Ces malheureux en allant
à ce supplice donnèrent toujours des marques
d'un courage des plus héroïque, en chantant leurs chansons guerrières, qui souvent con-
tenaient le nombre des ennemis qu'ils avaient
fait périr de la même manière, avec la réso-
solution où ils étaient d'en faire périr un plus
grand nombre, s'ils n'avaient pas été faits prisonniers.

Leurs armes sont le casse-tête, la hache et
le fusil ; ils n'ont pas eu de peine à s'habituer
au maniement de cette arme. Avant d'attaquer l'ennemi ils se passent le calumet de paix,
et tous ceux qui en ont aspiré la fumée sont
frères ; avant que d'attaquer un ennemi on
le lui présente, et s'il le refuse la paix est
rompue. On se répand alors dans l'habitation,
en poussant des hurlemens affreux et en criant,
on va manger telle nation. La guerre
n'a presque jamais d'autre but que de faire
des prisonniers et de les manger.

Les Canadiens sont généralement droits,
bien faits, de belle taille, bien proportionnés.
Ils ont les traits grossiers, surtout les femmes.

Ils naissent blancs ; mais le grand air et la graisse dont ils se frottent, leur donnent une couleur bise qui vient par degrés, de sorte qu'on voit beaucoup de jeunes gens des deux sexes assez blancs, et quelques-uns même ont les traits du visage assez réguliers : tous se peignaient de diverses couleurs, lorsqu'ils allaient à la guerre ; la plupart se piquaient en différentes parties du corps et y représentaient d'une manière ineffaçable différentes figures, surtout d'animaux. Il est rare d'en voir de boiteux, de borgnes, de bossus et de muets. Ils ont les yeux gros et noirs de même que les cheveux, les dents blanches comme l'ivoire et l'haleine fort douce. Ils sont extrêmement alertes, plusieurs mêmes, surtout dans les pays occidentaux, suivent les cerfs à la course ; ils sont infatigables dans leurs marches, et feront plus aisément quatre cent lieues de suite, que les Européens n'en feraient quarante. Ils souffrent long-tems la faim, se contentent de peu, quand ils ont peu, et mangent prodigieusement quand ils ont de quoi, surtout dans quelques festins, où il ne faut rien laisser.

Presque toutes les femmes sont de taille médiocre, et l'ont moins belle que les hommes, ce qui peut venir de ce qu'elles sont chargées

de tous les fardeaux et de toute la fatigue
du ménage ; les hommes ne s'occupant que
de la chasse et de la guerre. Elles laissent
croître leurs cheveux, qu'elles roulent en manière de cadenettes, qui leurs pendent par
derrière, au lieu que les hommes les tiennent
assez courts, et les coupent de différentes
manières selon les nations. Les hommes allaient autrefois tout nus, n'ayant qu'un
simple haut de chausse ; l'hiver, ils s'envelo-
paient de quelques peaux : les femmes ont toujours été soigneusement couvertes. Les enfans
jusqu'à l'âge de puberté n'avaient rien sur
le corps. Aujourd'hui tous, excepté les petits
enfans, sont plus couverts, et ceux qui ont
quelque commerce avec les Européens, ont
substitué à leurs peaux, des étoffes, et des
couvertures, qui sont plus commodes ; mais
ils n'ont aucun soin de la propreté, et laissent
tout pourrir sur leurs corps, ce qui joint aux
graisses dont ils se frottent, leur donne une
odeur forte, qui se sent de loin ; et quoiqu'ils
se baignent souvent, ils sont fort sujets à
la vermine ; ils vont ordinairement pieds nus,
quelquefois cependant ils se font des espèces
de chaussons de peaux, et ils s'en servent
toujours quand il faut marcher en raquette
sur les neiges. Ces raquettes sont fort larges,

et encore plus longues, arrondies par devant, terminées en pointes par derrière, faites d'un tissu de lanières de cuir assujetties à un cadre de bois fort léger.

Leurs villages sont ordinairement un amas de cabanes placées sans ordre, avec une grande place au milieu. Ces cabanes n'ont ni fenêtres ni cheminées : ils y laissent seulement un trou au-dessus du foyer ; ce qui n'empêche pas qu'elles ne soient remplies souvent de fumée. Les Hurons les font en manière de berceaux longs, où il y a souvent plusieurs familles séparées par des cloisons ; elles sont d'ailleurs mieux travaillées. Celles des Algonquins sont plus petites, bâties en rond, terminées en cône, et assez mal construites, avec des écorces d'arbre et des perches.

Ceux qui habitent vers la Baie d'Hudson, ont des habillemens de peaux de veaux marins, ou de bêtes fauves. Ils s'en font aussi de peaux d'oiseaux terrestres et marins, qu'ils cousent ensemble : tous ces habits ont une sorte de capuchon, sont serrés autour du corps et ne descendent que jusqu'au milieu de la cuisse ; les culottes se ferment devant et derrière avec une corde comme on ferme une bourse. Plusieurs paires de bottes les unes sur les autres, servent aux deux sexes

à se tenir chaudement les jambes et les pieds.
La différence pour les hommes et pour les
femmes, est que les femmes portent à leur
robe une queue qui leur tombe jusqu'aux
talons, que leurs capuchons sont plus larges
du côté des épaules, pour y mettre leurs enfans lorsqu'elles veulent les porter sur le dos.
Leurs bottes sont aussi plus grandes et garnies
de baleines. Elles y déposent leurs enfans,
lorsqu'elles sont obligées de les mettre un instant à terre : en général leurs vêtemens sont
cousus fort proprement avec une aiguille d'i-
voire, et des nerfs de bêtes, fendus en lacets
fort minces, qui leurs servent de fil. Ils ne
manquent pas même de goût pour les orner
de bandes de peaux, en manière de galons,
de rubans et de guirlandes, qui leur donnent
un air fort propre.

Les Canadiennes portent sur leur visage une
empreinte de douceur qui les fait distinguer;
elles n'accouchent jamais dans leurs cabanes,
mais dans quelques endroits retirés et inaccessibles, et sur-le-champ elles sont rendues
à leurs travaux.

Le mariage se contracte dans la cabane de
la femme sans l'assistance du prêtre ou jongleur; l'amant présente à la jeune personne
qu'il recherche, une mèche allumée ou une
baguette,

baguette , si elle se réveille pour éteindre
la mèche ou briser la baguette , le mariage
est formé ; chacun des habitans emporte un
morceau de baguette brisée, comme une preuve
du mariage ; et c'est en réunissant les morceaux qu'on procède au divorce.

Le jongleur qui est le ministre de la divinité , a pour principale occupation d'expliquer les songes ; son interprétation tend
toujours à quelque offrande aux bons esprits ,
aux mauvais et surtout à lui ; ces bons et
mauvais esprits sont répandus partout : on
dépose des offrandes aux arbres dans lesquels
ils habitent ; souvent on y suspend un chien
jusqu'à ce qu'il meure enragé ; c'est une belle
offrande. Le jongleur guérit les malades ; il
est le prêtre , le médecin , et le musicien des
villages ; il marche aussi à la tête des armées.

Les hommes ont peu d'égards pour les
femmes. Un homme assis à terre trouve fort
mauvais que sa femme l'incommode dans
cette posture. On a remarqué que les hommes
ne s'enivraient jamais dans le même vase
des femmes. Celles - ci ont cependant un
grand fond de tendresse pour leurs enfans :
on raconte à cet égard un fait qui vient à
l'appui de cette assertion.

Deux canots passant une rivière fort large

arrivèrent au milieu de l'eau, l'un, qui n'était que d'écorce, portait un Indien, sa femme et leur enfant; et il fut renversé par les flots. Le père, la mère et l'enfant passèrent heureusement dans l'autre; mais il était si petit qu'il ne pouvait les sauver tous trois. Une contestation s'élève. Il ne fut pas question entre l'homme et la femme de mourir l'un pour l'autre; mais uniquement de sauver l'objet de leur affection commune. Ils employèrent quelques momens pour peser lequel des deux pouvait être le plus utile à sa conservation; l'homme prétendit que dans un âge si tendre, il avait plus besoin des secours de sa mère; la mère soutint au contraire, qu'il ne pouvait en espérer que de son père, qu'étant du même sexe, il prendrait des leçons de lui pour la chasse et la pêche; le recommandant alors à son mari, elle se précipita dans le fleuve où elle fut bientôt noyée.

La coutume d'étrangler les vieillards s'étend aux deux sexes. Quand les pères et les mères sont dans un âge qui ne leur permet plus le travail, ils ordonnent à leurs enfans de les étrangler. C'est de la part des enfans, un devoir d'obéissance, auquel ils ne se refusent pas. La vieille personne entre dans une fosse qu'ils ont creusée exprès pour leur servir de tombeau. Elle y converse quelque tems avec eux, en fumant du tabac, et buvant quelques verres de liqueur. Enfin sur un signe qu'elle leur fait, ils lui mettent une corde autour du col, et chacun tirant de son côté, ils l'étranglent en un instant. Ils sont obligés ensuite de le couvrir de sable, sur lequel ils élévent un amas de pierres. Les vieillards qui n'ont pas d'enfans, exigent le même office de leurs amis; mais ce n'est plus un devoir, et souvent ils ont le chagrin d'être refusés. On leur attribue aussi l'usage de manger leurs femmes ou leurs enfans, lorsque dans un voyage de long cours, ils viennent à manquer de vivres.

Notre but n'étant pas d'entrer dans la description générale de cette vaste contrée, nous nous attacherons, à quelques particularités remarquables et nous passerons ensuite à Montréal, qui fait principalement le sujet de notre ouvrage.

Tout le monde connaît le lac supérieur; on lui donne plus de cinq cent lieues de circuit. Cette petite mer produit beaucoup d'excellens poissons; c'est le rendez-vous de plusieurs peuples qui vont y chasser et pêcher pendant l'été.

Toute sa côte méridionale est sablonneuse, assez droite et fort exposée aux vents du nord : la rive septentrionale a moins de danger pour les voyageurs, parce qu'avec moins de vent, elle est bordée de rochers, qui forment des petits havres ; et rien n'est plus nécessaire que ces retraites dans un lac où l'on observe des phénomènes assez singuliers. La tempête y est annoncée deux jours auparavant. D'abord on aperçoit, sur la surface des eaux, un petit frémissement qui dure tout le jour, sans augmentation sensible ; le lendemain d'assez grosses vagues couvrent le lac, et ne se brisent point de tout le jour, de sorte qu'on peut avancer sans crainte, et qu'avec un vent favorable, on fait même beaucoup de chemin ; mais le troisième jour on voit le lac tout en feu ; et l'agitation des flots devient si furieuse, qu'on a besoin des asiles qui se trouvent à la côte du nord. Sur celle-là on est obligé, dès le second jour, de camper assez loin du rivage.

Les Jésuites avaient dans le canal, où ce lac communique à celui des Hurons, une église florissante, nommée *le Saut de Ste.-Marie*, du nom d'une Cataracte voisine.

Le lac Erié dont le circuit est de près de trois cents lieues, offre de toutes parts une

perspective agréable ; ses bords sont plantés
de beaucoup d'arbres et de vignes qui portent
leurs grappes jusqu'au sommet des arbres. On
y trouve une infinité de bêtes féroces et de
poulets d'indes qui se nourrissent dans les forêts et dans les vastes prairies qui l'avoisinent.
Deux belles rivières qui s'y déchargent nourrissent sur leurs rives une infinité de boeufs
sauvages.

Du lac Erié, on passe dans celui d'*Ontario*,
qui a environ deux cents lieues de circuit. Le
fleuve St.-Laurent est une des plus grandes
rivières de l'univers ; il arrose cette partie de
l'Amérique septentrionale.

En sortant du lac, il a trois ou quatre lieues
de large ; il traverse tout le beau pays qui
s'étend de cette ville jusqu'à Quebec, et va
ensuite se perdre dans la mer.

On trouve près de ce lac, et sur la rive
du fleuve, le fort *Cataracouï*, qui servait
de défense de ce côté, contre les nations
ennemies. Il est construit dans une espèce
d'archipel, qu'on appelle les *Mille-îles*; son
port a une demie-lieue de circuit ; on pré-
férait dans les tems de transporter ce fort
à l'Anse nommée la *Galette*, qui par l'excel-
lence de son mouillage et de sa situation ,
remplirait plutôt le but qu'on s'était proposé.

N 3

Ce fort contiendrait en outre les peuples qui habitent entre ce fleuve et la rivière des *Ontaouais.* Tout ce pays est charmant, et très-fertile. Le fleuve est néanmoins difficile à naviguer, à cause des différens rapides qui s'y trouvent, et qui se succèdent d'assez près.

Non loin du fort dit le petit *Niagara*, le fleuve fait une cataracte célèbre. Une île le partage d'abord, et c'est à son extrémité qu'est la chute. Le fleuve coule avec lenteur en l'approchant, il devient rapide en se divisant, et sa rapidité augmente jusqu'au bord du rocher d'où il se précipite ; il bouillonne, se couvre d'une écume tournoyante, qui, dans quelques endroits, s'élève dans l'air : son lit est alors comme le penchant d'une montagne escarpée, et bientôt il tombe et fait une chute perpendiculaire de cent trente sept pieds : cette masse d'eau qui a près d'un quart de lieue de large, se précipite aussi blanche que la neige, rejaillit au loin sur des rochers qu'elle semble écraser ; elle court, heurte les rocs qui sont semés sur son passage, retrograde en faisant des tournans terribles, et présente l'image d'une chaudière immense où l'eau bouillante s'agite et s'élance en divers sens. Le bruit qu'elle fait par sa chute, s'entend de cinq lieues et de plus loin encore; la vapeur qui s'en élève, semblable à une nuée ou à une vaste colonne de fumée, offre à l'oeil étonné toutes les couleurs de l'arc-en-ciel quand le soleil la frappe. Elle retombe ensuite, ou le vent la disperse au loin; le spectateur qu'elle environne est inondé dans quelques minutes, comme s'il sortait du fleuve même. De la rive orientale du lac Ontario, on peut voir cette vapeur dans une matinée claire et tranquille.

On croit que le rocher sur lequel cette grande nappe d'eau est reçue, a été creusé avec le tems; le bruit que l'eau fait en y tombant est semblable à celui d'un tonnerre éloigné.

Au-dessus de la grande cataracte, on voit des cignes, des oies, des sarcelles nager en troupes sur le fleuve : quelquefois ces oiseaux prennent plaisir à s'en laisser entraîner; ils descendent d'abord paisiblement jusqu'au lieu ou sa rapidité est si grande qu'ils ne peuvent plus remonter. Alors ils essayent de s'élever au-dessus de l'eau pour prendre leur vol, ils s'épuisent en vains efforts, ils sont précipités avec elle et meurent de leur chute. On en trouve les restes au-dessous de la cataracte, avec ceux des poissons, des chevreuils, des ours et des autres animaux que le fleuve entraîne lorsqu'ils tentent de le passer à la nage.

Le Canada est en général un bon pays; mais il y a six mois d'hiver extrêmement rude, pendant lequel la terre est ordinairement couverte de six pieds de neige, de sorte qu'à la fin de mai, les arbres n'ont pas encore leurs feuilles; malgré les chaleurs de l'été, il y a peu de nuits où il ne gêle, surtout dans les endroits défrichés.

Cependant le sol y est bon; il rapporte les meilleurs grains, les meilleurs végétaux. L'été y est agréable, et, aidant à la richesse du sol, il fait que dans six semaines le cultivateur sème et moissonne. Les bois, les forêts, les montagnes couvertes de neiges, l'élévation de son sol, un ciel presque toujours serein occasionnent ces grands froids.

Les terrains qu'on y a défrichés sont très-fertiles et produisent de bon froment qu'on sème au mois de mai, et qu'on recueille à la fin d'août. Le raisin y réussit assez, mais il ne parvient pas à sa parfaite maturité. On en fait cependant un vin plus noir que rouge et extrêmement doux. Les fruits, tels que la pêche, la prune, etc. n'y mûrissent pas. Les forêts sont peuplées de différens bois de charpente, surtout le pin-blanc, et tous ceux qui croissent en Europe, etc. L'érable donne une séve délicieuse ; on la boit, on en fait du sucre et un sirop précieux. On y recueille une espèce de citrons qui n'ont qu'une peau pour écorce, et sont produits par une plante haute de trois pieds; des melons d'eau, des citrouilles douces, du tabac, des groseilles etc. ; le vinaigrier est un arbrisseau dont le fruit rouge infusé dans l'eau donne un bon vinaigre. Les rivières sont assez abondantes en poisson ; les forêts sont peuplées d'oiseaux, parmi lesquels on remarque un colibri beaucoup plus brun que celui des îles de l'Amérique. On l'appelle oiseau mouche, à cause de l'espèce de bourdonnement de ses ailes.

Parmi les reptiles on distingue le serpent à sonnettes ; on en voit de toutes les grandeurs, et quelques uns sont gros comme la jambe d'un homme, et longs à proportion. Sa morsure est des plus venimeuses ; mais on trouve dans les endroits qu'il habite, une plante dont la racine est un antidote souverain contre sa morsure. La couleuvre peut se manier sans crainte : un aspic très-dangereux vit dans les eaux croupies. Le croassement de la grenouille ressemble au mugissement du boeuf.

L'animal le plus curieux est sans contredit

le castor , trop connu pour qn'il soit utile de donner le détail de ses travaux et de son industrie. Le cerf, l'élan , le renard , les belettes, etc. y sont très-communs. L'élan est un animal presqu'aussi grand que le cheval ; tous les ans il lui pousse de nouvelles cornes. Les naturels du pays le vénèrent. Son plus grand ennemi est le carcajou, espèce de chat sauvage qui, malgré sa petitesse, le dévore : il s'attache à son dos, le déchire et le mange vivant, à moins que l'élan ne trouve de l'eau où il se précipite pour faire lâcher prise à son ennemi.

Il y a deux espèces d'ours; le plus noir n'y est point dangereux ; mais le blanc est plus grand et plus terrible que les autres. Une espèce de fouine qu'on appelle *bête puante*, y est très commune ; quand on la poursuit, elle lâche son urine qui exhale une odeur insupportable.

Le nombre des rivières qui arrosent le Canada est inconcevable ; les lacs y sont en quantité et d'une extrême grandeur.

L'île de Montréal est au centre d'un des plus beaux pays du Canada , dans la province de Québec. Elle est formée par deux bras du fleuve St.-Laurent; la montagne dont elle tire son nom , et qui a deux têtes d'inégale grosseur, est presque au milieu de la longueur de l'île.

La ville de Montréal offre un aspect fort riant; elle est bien bâtie, bien située, l'agrément de ses environs et de ses vues inspire une gaieté dont tous les habitans se ressentent. Elle n'est pas fortifiée ; une palissade fait toute sa défense avec une mauvaise redoute sur un petit tertre qui sert de boulevard. Autrefois elle était ouverte, et exposée aux insultes des Sauvages et des Anglais, mais un de ses gouverneurs la fit fermer ; elle est aujourd'hui ceinte d'un bon mur. Mais sa plus forte défense consiste dans la valeur de ses habitans.

Sa forme est un carré long, situé sur le bord du fleuve; le terrain s'élevant insensiblement partage la ville dans sa longueur en haute et basse. Ses rues sont régulières, ses maisons bien bâties, commodes et riantes. Du port situé au midi, on peut voir d'un coup-d'oeil toutes ses maisons.

Le grand commerce de la nouvelle France se faisait dans la ville de Montréal, où abordaient des nations de cinq à six cents lieues, que les Français appelaient leurs alliés. Ils commençaient à venir au mois de juin en grandes bandes. Les chefs de chaque nation venaient d'abord saluer le gouverneur, à qui

ils faisaient présent de quelques pelleteries.
Ils le priaient en même-tems de ne pas per-
mettre qu'on leur rendît un trop léger retour
pour la valeur de leurs marchandises. La
foire se tenait le long du fleuve ; des sen-
tinelles se tenaient près de leurs cabanes,
pour veiller à ce qu'on ne leur fît aucun tort,
et pour leur donner la liberté d'aller et de
venir dans la ville, où toutes les boutiques
étaient ouvertes. Il régnait alors un mouve-
ment tumultueux, l'envie de faire son profit
dissipait toute espèce de cordialité. Le Cana-
dien au fait de la traite, examinait à plusieurs reprises ce qu'on lui montrait, et courait
à l'échange, si ce qu'on lui offrait lui plaisait. Ce commerce durait trois mois ; ils ap-
portaient des peaux d'ours, de loups cerviers,
de chats sauvages, de martres, de castors de
toute espèce, etc. On leur vendait de la poudre,
des balles, des capottes, des habits à la française chamarés de dentelles d'or faux qui
leur donnait une figure tout-à-fait grotesque,
du vermillon, des chaudières, etc., et toutes
sortes de quincailleries. Pendant la durée de
cette foire, on ne voyait que des Sauvages,
dont l'air affreux, les hurlemens et le bruit
continuel, changeait la face de la ville.

Cette ville est située dans l'île de ce nom, qui

a environ dix lieues de long sur trois de large.
Son principal commerce consiste en pelleteries , apportées par les Indiens. Son terrain
est très-fertile et bien cultivé : il rapporte
toutes sortes de grains. Près de cette île, il en
est une autre qu'on nommait île de *Jesus* ,
longue de huit lieues , large de deux ; le
bras du fleuve y arrose de belles prairies.

Ce pays d'abord découvert par les Français
qui y formèrent des établissemens , est tombé
sous la domination Anglaise dont il dépend aujourd'hui. Deux villages d'Iroquois
chrétiens, situés sur la rive méridionale du
fleuve, et le fort Chambli faisaient la sûreté
de Montréal. Ce dernier fut élevé par un officier français qui lui donna son nom, sur
les bords de la rivière Sorel ou Richelieu qui
sort du lac Champlain : ce lac reçut le nom
du voyageur qui le découvrit en 1610. Il est
poissonneux et semé d'îles ; son enceinte est
ovale ; il a vingt lieues sur douze de large ; au
midi sont des montagnes élevées et couvertes
de neige, séparées par des vallons fertiles.

L'extrémité de ce lac s'appelle *Lac du
St.-Sacrement* ou *Lac St.-Georges*. On y
voit deux forts nommés fort *Carillon* et fort
St.-Georges.

Quebec capitale du Canada doit son nom

au mot *quebeio*, qui signifie *retrécissement*
dans la langue algonquine ; parce que ce
fleuve se retrécit beaucoup vers le lieu où elle
est située. Elle est grande, belle, bien fortifiée : le port est défendu par deux bastions,
contre lesquels l'eau s'élève dans le flux ; une
artillerie nombreuse le garde de tous côtés ;
le fort qui commande le port est élevé de deux
cent pieds au-dessus de la ville : ce fort fut
d'abord nommé St.-Louis par les français.

La première place où ils débarquèrent, et
où ils voulurent bâtir la ville, est un carré
irrégulier qui a quelques maisons bien bâties.
C'est-là qu'est la ville basse (*The Lower Town*).
On monte une colline escarpée qui conduit à
la ville haute (*The Upper Town*), où l'on
voit des bâtimens magnifiques.

Presque toutes les maisons de Quebec sont
de pierre : on y compte cinq mille habitans.
Sur les bords de la rivière de St. - Charles,
on trouve plusieurs maisons de plaisance.

Au nord de Quebec, près de sa rade, on
voit une belle nappe d'eau d'environ trente
pieds de l'arge, de quarante de haut, qu'on
nommait le *Saut Montmorenci*. Cette chute
qui ne s'épuise pas, vient d'un beau lac qui
ne tarit jamais.

Les *Trois-rivières* est une petite ville dans

une situation charmante : elle est arrosée par le fleuve au-delà duquel sont des campagnes bien cultivées et couronnées par des forêts superbes. Une rivière qui en reçoit deux autres, a donné son nom à la ville ; un peu au-dessus est le lac St.-Pierre qui n'est autre chose que le fleuve St.-Laurent qui s'y élargit dans une étendue de sept lieues, sur trois de large.

A l'extrémité du lac sont les îles Richelieu et celle de St.-François ; îles autrefois peuplées de daims, de chevreuils, etc. qu'on y a détruit.

Sur la rive septentrionale du fleuve Saint-Laurent, était le fort *Catarocoui*, défendu par quatre bastions, élevés en 1671 pour arrêter les courses des Anglais et des Iroquois. La marine marchande et militaire qu'on avait formée sur ce lac, y trouvait un abri sûr dans les tempêtes.

Au milieu du lac Ontario, sont les bourgades des Iroquois ou Cinq-nations : ils sont révérés et craints des autres sauvages à cause de leur bon sens, de leur activité, de leur courage dans la guerre, où ils ont acquis une grande expérience : leurs moeurs, leurs usages, leur manière de s'habiller, étaient adoptés par leurs voisins, et ceux qui les imitaient le

mieux étaient regardés comme les plus spiri-
tuels et les plus civilisés.

Leur domicile le plus septentrional, est
une bourgade située au bord du Saint-Laurent, vis-à-vis Montréal ; mais le lieu où ils
sont assemblés en plus grand nombre est vers
les sources des rivières de *Mohoktanesée*,
d'*Oneoida*, et d'*Oneneaga*, entre le lac Ontario et la province de New-York. Ils étendent
leurs prétentions sur les pays situés au midi
du fleuve Saint-Laurent. Lorsque les Européens parurent, ils pouvaient rassembler 15,000
guerriers ; à peine aujourd'hui s'en trouverait-
il 4,000.

Au-dessous de Quebec en suivant le cours
du fleuve, on trouve une forte rivière nommée
le Sagenay, qui se jette dans le fleuve Saint-
Laurent : au confluent des deux rivières est
le port *Tadoussac* où l'on trouvait quelques
maisons françaises avec des cabanes de
sauvages qui s'y rendaient pour la foire qui
s'y tenait ; ils emportaient ensuite leurs
cabanes comme des tentes. Autrefois cet
endroit fut considérable pendant ses foires,
où toutes les nations du Canada se rendaient.
Tadoussac pourrait être un bon port, capable
de contenir vingt-cinq vaisseaux de guerre
qui y seraient à l'abri de tous les vents. Le
Saguenay

Saguenay se jette dans le St.-Laurent entre les îles rouge et verte, le passage de l'île rouge n'est pas sans danger, ce n'est qu'un rocher presqu'à fleur d'eau, qui paraît véritablement rouge et que plusieurs naufrages ont rendu célèbre. Le passage de l'île au coudre, est bien plus dangereux. On assure qu'en 1663 un tremblement de terre déracina une montagne, la lança sur l'île au coudre qui en fut agrandie de moitié; et à la place de la montagne, il parut un gouffre dont on ne peut s'approcher sans péril.

On trouve encore, avant d'arriver à Quebec, le cap Tourmente, ainsi nommé à cause de ses fréquentes tempêtes, le mouillage y est cependant bon, l'on y est entouré d'îles très-fertiles; la plus considérable, est celle d'Orléans dont les campagnes sont bien cultivées, elle se présente comme en amphithéâtre et forme une perspective agréable; cette île n'a pas moins de quatorze lieues, elle avait quatre villages : on y compte aujourd'hui six paroisses assez peuplées.

Entre Quebec et Montréal, on trouve un village assez considérable nommé la pointe aux Trembles : ce n'était qu'une forêt lorsque les Français s'y établirent; à dix-sept lieues delà sur la même route, on trouve encore la baronie

Tome II. O

de Bekancourt, qui contient un village
d'Abénakis ; elle est située à l'embouchure
de la rivière Puante, ainsi nommée pour avoir
été infectée de corps morts, après un com-
bat fort sanglant entre deux nations sauvages ;
vis-à-vis Bekancourt, on voit la baronie de
Port-Neuf : à côté de la ville des trois rivières
on rencontre encore les bourgs de Batiscan et
de la Magdelaine.

Après avoir passé les îles de Richelieu on
voit les villages de la Valerie, St.-Sulpice
et d'Arpentigahi, situés dans une terre des
plus fertiles et des plus riantes.

Avant d'entrer dans le lac Ontario on côtoie
le fort de la Présentation ; l'île aux Ché-
vreuils et l'île aux Galets, sont à l'entrée du
lac Ontario.

Si l'on traverse le lac Ontario sur la frontière des Iroquois ; on trouve la rivière d'On-
nontagué d'une très-grande largeur ; sa source
vient d'un beau lac nommé *Gannantaha* :
On y trouve la baie des Goyogouins qui est
un des plus beaux pays du monde : c'est dans
cette rivière que se déchargent toutes celles
qui arrosent le pays des Iroquois. Il en existe
une petite dont on rapporte des singularités
fort curieuses ; quoique son embouchure ne
soit ni large ni profonde, elle s'élargit u peu

plus haut, et les plus grands vaisseaux y pourraient être à flot; on est ensuite arrêté par une chute qui n'a pas moins de soixante pieds de haut, et deux-cent pieds de large; une portée de fusil au-dessus, on en trouve une seconde de même largeur, mais moins haute des deux tiers; une demi lieue plus loin une troisième plus haute et plus large que la première, après ces grandes cataractes on rencontre plusieurs rapides; et cinquante lieues plus loin on voit une quatrième chute bien plus considérable. Le cours de cette rivière est de cent lieues, et lorsqu'on l'a remontée l'espace d'environ soixante, on se trouve près de la belle rivière d'Ohio, où l'on voit une fontaine dont l'eau a l'épaisseur de l'huile et le goût de fer, les sauvages l'emploient dans leur maladie.

Fin du Tome Second.

www.ingramcontent.com/pod-product-compliance
Lightning Source LLC
Chambersburg PA
CBHW071939090426
42740CB00011B/1755